**Denis JEANT**
Brevet d'État d'Éducateur Sportif 2ᵉ degré
Moniteur Fédéral 2ᵉ degré (FFESSM)
Moniteur international CMAS ☆ ☆ ☆

# TESTS VAGNON PLONGÉE

## Préparation aux évaluations théoriques de niveaux 1 et 2

**3ᵉ édition**

Conforme à la dernière actualisation des tables MN90 (17 décembre 1996)



Les Éditions du Plaisancier
Porte du Grand Lyon - NEYRON
01707 MIRIBEL CEDEX - FRANCE
Tel. 04 72 01 58 68 - Fax 04 72 01 58 69

Vous suivez une formation théorique de niveau 1 ou de niveau 2.

Le but de ce livre est de vous préparer à votre examen théorique.

Pour la préparation à l'évaluation théorique de **niveau 1**, nous vous proposons des tests "type examen" qui vous mettront en situation d'examen.

Pour la préparation à l'évaluation théorique de **niveau 2**, nous vous proposons également des tests "type examen" mais aussi des QCM thématiques qui couvrent l'ensemble du programme.

Ils vous permettront d'évaluer vos connaissances en réalisant un bilan en cours de formation afin de déceler d'éventuelles lacunes.

L'ensemble des questions contenues dans cet ouvrage, relatives aux tables ou problèmes de plongée portent sur l'utilisation des tables MN 90.

**Cette troisième édition prend en compte la dernière actualisation des tables MN90 réalisée par le COMISMER (Marine Nationale Française) en date du 17 décembre 1996.**

Enfin, nous vous donnons pour chaque niveau, des conseils avant l'examen afin de parfaire votre préparation.

Ce livre complète utilement les "codes Vagnon de la plongée : préparation aux brevets de niveaux 1 et 2/plongeur ☆ et ☆☆", qu'il ne peut remplacer.

L'ensemble des tests et QCM proposés renvoie aux objectifs théoriques de ces ouvrages.

Je souhaite que l'utilisation de ce livre soit un gage de réussite pour votre examen théorique.

Denis JEANT

**N'hésitez pas à nous faire part de vos suggestions, observations et critiques afin de contribuer à l'amélioration de cet ouvrage en vous adressant directement à l'éditeur qui transmettra à l'auteur ou par e-mail : denis.jeant-author @ altavista.net**



ISBN N° 2-85725-310-9

# SOMMAIRE

# Quelques conseils d'utilisation de la méthode

## TESTS DE CONTRÔLE

Ces tests comportent des questions "type examen", destinées à vous mettre en situation d'examen.

### ❏ TESTS DE CONTRÔLE DE NIVEAU 1

Pour réaliser chaque test de contrôle proposé, vous disposez de 15 à 20 minutes pour répondre par oral à l'ensemble des questions.

Effectuez de préférence ces tests dans des conditions proches de l'examen. Un coéquipier joue le rôle de l'examinateur, en vous questionnant. L'habitude d'exposer diminue le trac éventuel, en situation réelle.

A la fin du test, cochez les bonnes réponses, puis totalisez-les.

L'exercice est considéré satisfaisant si vous ne faites pas plus de trois fautes par test, questions éliminatoires (*) exclues.

### ❏ TESTS DE CONTRÔLE DE NIVEAU 2

Pour réaliser chaque test de contrôle proposé, vous disposez d'une heure et trente minutes pour répondre par écrit à l'ensemble des questions proposées.

Dans un premier temps, vous devrez réaliser une première partie relative à des problèmes de plongée, en 20 minutes maximum. Dans un deuxième temps, vous disposerez d'une heure et dix minutes pour réaliser la dernière partie.

L'entraînement à la rédaction vous rendra plus efficace lors de l'examen.

A la fin du test, vérifiez vos réponses avec le corrigé proposé.

## ❑ LE BILAN

En fin de réalisation, faites un bilan de ce que vous avez réussi et moins bien réussi. Ensuite, à vous de combler vos lacunes ou manques de précision en retravaillant le contenu théorique, à l'aide des codes Vagnon de la plongée correspondants.

# QCM DE NIVEAU 2

La réalisation de QCM a pour but d'effectuer un bilan en cours de formation.

La globalité des questions permet d'effectuer un tour d'horizon complet du programme.

Afin d'être efficace dans votre préparation, nous vous conseillons de ne répondre qu'aux questions se rapportant aux objectifs théoriques déjà abordés.

## ❑ RÉPONDRE À UN QCM

L'ensemble du questionnaire est à choix multiples, il peut y avoir plusieurs réponses possibles pour une même question.

Toute réponse incomplète est considérée comme fausse.

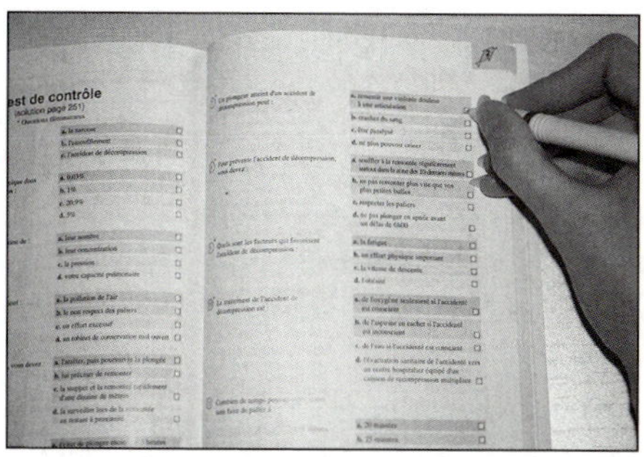

- ***Lire attentivement la question***

Lisez ou répétez mentalement la question dans le but d'en comprendre le sens. Relisez-la ou répétez-la mentalement en la simplifiant si nécessaire avec votre propre vocabulaire. Faites émerger les mots clefs, l'idée directrice qu'elle contient, le but de la question.

- ***Envisager des réponses possibles***

Dans un premier temps, ne lisez pas les choix se rattachant à la question posée, proposez un ensemble de réponses possibles.

- ***Lire attentivement les choix proposés***

Dans un deuxième temps, prenez connaissance des choix proposés. Faites émerger les mots clefs, l'idée maîtresse qui se dégage de chaque choix proposé.

- ***Sélectionner les choix les plus pertinents***

Triez les choix, cochez ceux qui s'adaptent le mieux à la question posée.

## ❑ RÉALISATION DES QCM

Nous vous conseillons de réaliser les questions seul, par écrit, en limitant le temps de réponse à 15 minutes par questionnaire.

**Pour être efficace, vous ne devez en aucun cas regarder les réponses aux questions avant d'y répondre.**

Après avoir répondu aux questions, vous consulterez les réponses afin d'évaluer votre résultat.

Cochez les bonnes réponses, puis totalisez le nombre de bonnes réponses en bas de page. Toute réponse incomplète doit être considérée comme fausse.

L'exercice est considéré satisfaisant si vous ne faites pas plus de trois fautes, questions éliminatoires (*) exclues.

Ensuite, à vous de combler vos lacunes ou manques de précision en retravaillant le contenu théorique, à l'aide du code Vagnon de la plongée : préparation aux brevets de Niveau 2/plongeur ☆☆.

## QUELQUES CONSEILS AVANT L'EXAMEN

## LE NIVEAU 1 : UNE ÉVALUATION ORALE

❑ LE CONTENU THÉORIQUE DE NIVEAU 1*

Les questions orales porteront sur des notions élémentaires :

### Compétence n°6 : CONNAISSANCES THÉORIQUES ÉLÉMENTAIRES

| Connaissances, savoir-faire et savoir-être | Commentaires et limites | Critères de réalisation |
|---|---|---|
| - Principe des barotraumatismes et prévention. | - Aucune analyse des mécanismes n'est exigible. La prévention est fondamentale. | - Réponse à des questions simples, soit sous forme de discussion informelle, soit sous forme de questionnaires de type QCM. |
| - L'essoufflement. | - Seules les causes et la prévention sont à traiter et de manière succincte. | - Idem ci-dessus. |
| - Le froid, les dangers du milieu naturel. | - Prévention. | - Idem ci-dessus |
| - Le principe de l'accident de décompression ; symptômes courants et prévention ; présentation de la table et de l'ordinateur de plongée.<br>- La courbe de sécurité de la table MN90. | - Aucune recherche de mécanisme et aucun problème de table n'est exigible. | - Savoir que l'ADD est dû à la dissolution du N2 sous pression.<br>- Connaître les paramètres de lecture d'une table, ainsi que ceux d'un ordinateur.<br>- Courbe de sécurité. |
| - Flottabilité. | - Connaissance succincte des variations de flottabilité en fonction des variations de volume. | - Répondre oralement à des questions simples |
| - Connaissances sur la réglementation.<br>- Documents à présenter pour pouvoir plonger dans un centre.<br>- Organisation de plongées, respect de l'environnement, comportement. | - Les prérogatives du niveau 1.<br>- Notions succinctes sur la FFESSM et sur la CMAS. | - Rechercher à donner quelques informations plutôt qu'à évaluer. Il s'agit essentiellement d'initier le breveté à la connaissance du cadre de son activité.<br>- Informations. |

* d'après Manuel du Moniteur et du Responsable Fédéral - "Brevets et Qualifications de la Commission Technique Nationale" FFESSM - 31/07/1998

### ❑ LES CONDITIONS D'ORGANISATION

L'examen oral se déroule en formation continue ou en examen ponctuel en fin de formation. Dans ce cas précis, l'entretien dure en général 15 à 20 minutes. L'oral de niveau 1 n'est pas une difficulté majeure, vous devrez répondre à des questions élémentaires.

## LE NIVEAU 2 : UNE ÉVALUATION ÉCRITE

### ❑ LE CONTENU THÉORIQUE DE NIVEAU 2*

Les compétences requises sont :

**Compétence n°6 : CONNAISSANCES THÉORIQUES ÉLÉMENTAIRES**

| Connaissances, savoir-faire et savoir-être | Commentaires et limites | Critères de réalisation |
|---|---|---|
| - Causes, symptômes, prévention et conduite à tenir pour l'ensemble des accidents pouvant survenir dans le cadre de l'autonomie ou de l'espace lointain<br>- Physiologie de base | - Le niveau II n'a pas à connaître les mécanismes fins ni les traitements qui suivront. Une information sur les actes de secourisme peut lui permettre d'aider ou du moins de ne pas gêner l'intervention | - Évaluation par oral ou par écrit |
| - Réglementation concernant la protection du milieu, le matériel, les prérogatives et responsabilités du Niveau II | - On restera dans ce qui concerne le niveau II | - Évaluation par oral ou par écrit |

| Connaissances, savoir-faire et savoir-être | Commentaires et limites | Critères de réalisation |
|---|---|---|
| - Utilisation des tables MN90 actualisées pour les conditions correspondantes à la pratique : plongées simples, consécutives, successives, procédures de remontées anormales, rapides, lentes<br><br>- Ordinateurs de plongée | - Les problèmes doivent rester simples et réalistes. Une information sur la plongée Nitrox peut être donnée (sans réalisation de problèmes). La plongée en altitude est exclue (sauf information dans le cas de clubs pratiquant dans cette configuration)<br>- Il s'agit de préciser les conditions d'emploi et les limites d'utilisation | - Évaluation par oral ou par écrit |
| - Notions physiques simples permettant de comprendre les effets du milieu, les principes de fonctionnement du matériel, l'autonomie en air, la flottabilité | - Rester à des problèmes de physique correspondant à une pratique de niveau 2 | - Évaluation par écrit |
| - Matériel. Critères de choix dans l'équipement personnel. | - Pas de mémorisation des schémas. Le niveau II doit pouvoir commenter des schémas de principe simples. | - Évaluation par oral ou par écrit, analyse et déduction à partir de cas simples |

* d'après Manuel du Moniteur et du Responsable Fédéral - "Brevets et Qualifications de la Commission Technique Nationale" FFESSM - 31/07/1998

### ❑ LES CONDITIONS D'ORGANISATION

Le plus souvent, l'évaluation théorique se déroule sous la forme d'un écrit d'une heure à une heure et trente minutes environ, en cours ou en fin de formation.

## RÉPONDRE A L'ÉCRIT

### ❑ LE MATÉRIEL A PRÉVOIR

- La version complète et actualisée des tables MN90
- Des feuilles pour votre copie
- Des feuilles de brouillon distinctes
- Des stylos de différentes couleurs, un surligneur, une règle
- Une calculette
- Une montre

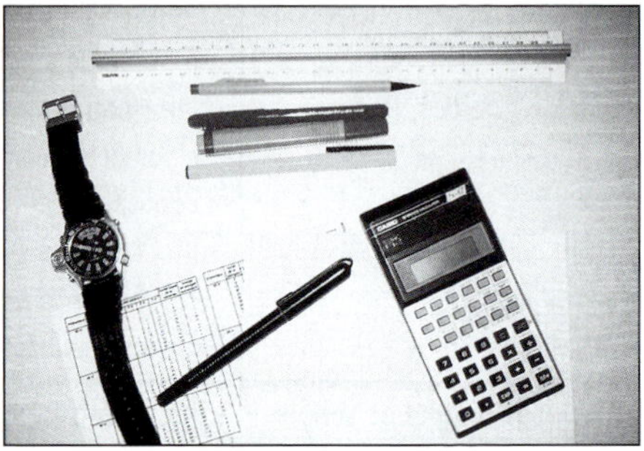

### ❑ LA GESTION DU TEMPS

Le temps imparti passe vite, il est important de le gérer afin d'être efficace.

A titre d'exemple, pour les tests proposés dans cet ouvrage, pour un sujet d'une heure et trente minutes :

20 mn : réponse aux problèmes de plongée de la 1re partie
3 mn : prise de connaissance de la 2e partie
60 mn : élaboration et rédaction des réponses
7 mn : relecture

Le temps consacré à la réponse aux différentes questions devra être optimisé en fonction de leur nombre et du barème de notation. Dans l'absolu, il est préférable de privilégier les questions à barème élevé.

Par contre, il faudra éviter de vous disperser en changeant trop souvent de question lorsque vous butez sur des difficultés.

## ❑ LA PRÉSENTATION DE SON ÉCRIT

### • *L'aspect général : la première impression*

La vue d'une copie donne de suite naissance à un jugement. L'effet produit sera associé par la suite à son contenu.

La vue d'une copie claire et aérée influencera positivement le correcteur avant même qu'il ait commencé sa lecture.

### • *Une correction facilitée*

Certains petits détails amélioreront votre présentation et par la même occasion faciliteront la correction.

Marquez votre nom et prénom sur l'ensemble des pages, numérotez-les et précisez le numéro de la question traitée.

N'écrivez qu'au recto de vos pages, la lecture sera rendue plus agréable.

### • *Une forme structurée et aérée*

Vos idées doivent être enchaînées de façon structurée, sous la forme d'un plan, ceci afin de faciliter la compréhension de votre message. Votre présentation doit mettre en valeur votre plan : n'hésitez pas à aérer votre copie en sautant des lignes entre les différentes parties.

### • *Une écriture soignée*

Il est important de soigner votre écriture ceci afin de faciliter votre relecture et la lecture du correcteur. Cet effort doit être soutenu sur l'ensemble de la copie. La rédaction d'un brouillon, lorsque le temps vous le permet, pourra faciliter une rédaction soignée.

## ❑ RÉPONSE AUX QUESTIONS

### • *Éviter le hors sujet : une lecture attentive*

Il est primordial de lire attentivement une question avant d'y répondre. Une lecture trop superficielle, trop rapide, peut favoriser un hors sujet ou une réponse partielle. Relire plusieurs fois une question n'est pas du temps de perdu.

Lisez la question dans le but d'en comprendre le sens.

Relisez la question et reformulez-la en la simplifiant, en utilisant votre propre vocabulaire.

Soulignez les mots clés et dégagez l'idée maîtresse.

Cherchez le but de la question : qu'attend-on de ma réponse ?

## • *Chercher des idées et les sélectionner*

La qualité de votre développement sera en relation avec la richesse de vos connaissances et de votre argumentation.

Lors d'une première étape, vous essayerez de trouver le maximum d'idées en partant de l'idée maîtresse de la question. Tout peut être écrit sans autocensure.

Pour arriver à ce résultat, nous vous conseillons de procéder par association d'idées, en utilisant par exemple la technique de la carte mentale.

Notez l'idée maîtresse au milieu d'une page, puis notez autour d'elle toutes les idées qui vous viennent à l'esprit, comme des branches qui iraient se ramifier autour d'un tronc.

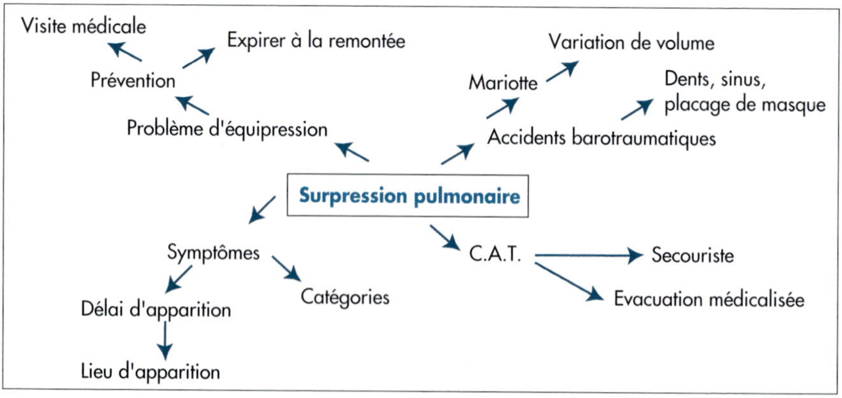


Lors d'une deuxième étape, vous devrez trier vos idées afin de ne conserver que celles qui répondent à la question.

Ensuite, elles seront ordonnées suivant un ordre logique, selon le cas : du général au particulier, ou par ordre d'importance, ou en suivant la chronologie des faits...

A notre niveau, dans la majorité des cas, l'ordre est suggéré par la question.

## • *Développer ses idées dans un style clair et précis*

Le développement de vos idées comprendra plusieurs parties selon la question, articulées entre elles.

Faites des phrases courtes (moins de 25 mots), claires, avec un vocabulaire simple, explicite.

## ❑ RÉSOUDRE UN PROBLÈME DE PHYSIQUE

La résolution d'un problème de physique demande une certaine méthode. Trop souvent, certains se lancent à corps perdu sans savoir ce qu'ils cherchent.

Dans le cadre de la résolution de problèmes appliqués à la plongée, vous essayerez d'apporter des solutions à un problème concret.

### • *Comprendre et analyser les données du problème*

Lisez attentivement l'énoncé du problème, plusieurs fois jusqu'à comprendre son contenu.

Soulignez les différentes données du problème : connues et inconnues.

Déterminez ce que vous cherchez et les étapes intermédiaires par lesquelles vous devrez passer.

### • *Se représenter le problème*

Essayez de vous représenter mentalement le problème dans son contexte pratique, en visualisant le scénario du problème.

Matérialisez le problème à l'aide d'un dessin regroupant les différentes données du problème.

### • *Déterminer la loi physique et modéliser le problème*

Énoncez la loi physique qui s'applique et écrire la formule qui s'y rattache en justifiant votre choix.

Transformez la formule littéralement, en écrivant les étapes intermédiaires qui vous ont permis d'aboutir à la transformation finale.

### • *Réaliser les calculs*

Sélectionnez les données chiffrées de l'énoncé qui vous permettront de résoudre le problème. Remplacez les lettres de la formule par les données chiffrées correspondantes, tirées de l'énoncé.

Réalisez les calculs en n'oubliant pas de précisez l'unité de votre résultat. Un résultat chiffré sans unité ne veut rien dire.

### • *Vérifier ses calculs*

Refaites vos calculs une seconde fois en les réalisant de préférence d'une autre manière.

Comparez les résultats de vos calculs et de vos vérifications.

En cas de résultats différents, reprenez vos différentes étapes depuis la formule de base pour trouver l'erreur.

D'autre part, vérifiez l'ordre de grandeur de votre résultat en le plaçant dans un contexte pratique pour vous assurer qu'il est réaliste.

• *Récapitulatif de la démarche générale*

Lire l'énoncé du problème dans le but d'en comprendre le sens.

↓

Se représenter le problème.

↓

Déterminer la loi et la formule physique.

↓

Modéliser le problème.

↓

Effectuer les calculs.

↓

Vérifier les calculs et la plausibilité du résultat.

❑ ACTUALISATION DES TABLES MN90 PAR LE COMISMER
(Marine Nationale Française)

En date du 17 décembre 1996, le COMISMER (Commandement de l'Intervention Sous la Mer) a abrogé la circulaire Marine Nationale n° 280 du 20 août 1990 concernant le mode d'emploi des tables de plongée à l'air MN90.

La Commission Technique Nationale (C.T.N.) de la FFESSM a décidé l'application de ces nouvelles mesures en date du 8 novembre 1997. Trois modifications sont à prendre en compte pour cette nouvelle actualisation. Mais pour plus de clarté et de concision, nous ne vous exposerons à la suite que les deux modifications des tables MN90 qui vous seront utiles dans le cadre de votre formation de niveau 2.

Pour commencer, rappelons que les tables MN90 avaient déjà été actualisées en 1994, lorsque les intervalles de surface du tableau de détermination de l'azote résiduel (respiration d'air, au niveau de la mer) avaient été allongés. Le tableau se limitait précédemment à un intervalle de 8 heures qui a été prolongé par des intervalles pouvant aller jusqu'à 12 heures.

Le plongeur par conséquence pouvait être en situation de plongée successive jusqu'à 12 heures après la sortie de sa première plongée.

## MODIFICATIONS A PRENDRE EN COMPTE DANS LE CADRE DE VOTRE FORMATION DE NIVEAU 2

### • *Modification de la vitesse de remontée aux paliers*

"...la vitesse de remontée du fond au premier palier doit être comprise entre 15 et 17 mètres par minute. Elle ne doit en aucun cas être supérieure à 17 mètres par minute.
Entre les paliers, la vitesse est fixée à 1 mètre en 10 secondes...".

Cela signifie en pratique que vous devez remonter très lentement d'un palier au suivant ou bien du palier de 3 mètres à la surface. Cette vitesse de remontée représente une durée de remontée entre chaque palier ou du palier de 3 mètres à la surface de 30 secondes (0,5 mn).

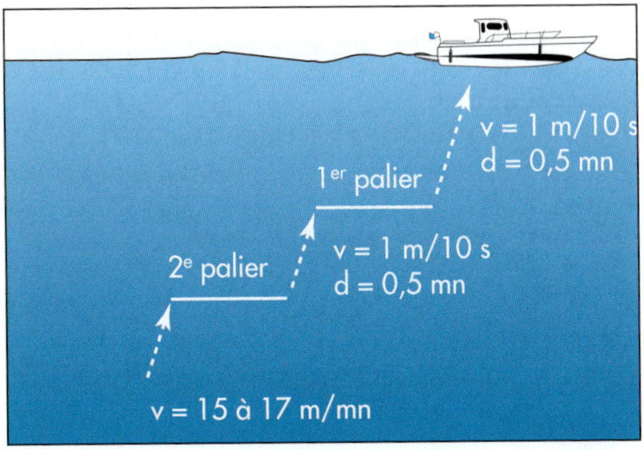


### • *Suppression de la "durée totale de remontée"*

Dans la présentation de la table, la colonne qui s'intitulait "durée totale de la remontée" ou "temps de remontée (Tps Rem.)" est supprimée.

| Prof. m | Durée plongée | Paliers 6 m | Paliers 3 m | Gp. Suc. |
|---|---|---|---|---|
| 6 | 1 h 15 | | | D |
| | 1 h 45 | | | E |
| | 2 h 15 | | | F |
| 8 | 30' | | | C |
| | 1 h 00 | | | E |
| | 1 h 30 | | | F |

### • *Calcul de la durée totale de la remontée (FFESSM) (1)*

Le calcul de la "durée totale de la remontée" impose, afin d'uniformiser les méthodes de calcul de chacun, un choix arbitraire.
La Commission Technique Nationale (C.T.N.) de la FFESSM a choisi par convention une vitesse de remontée de 15 mètres/mn pour la réalisation des problèmes de plongée.

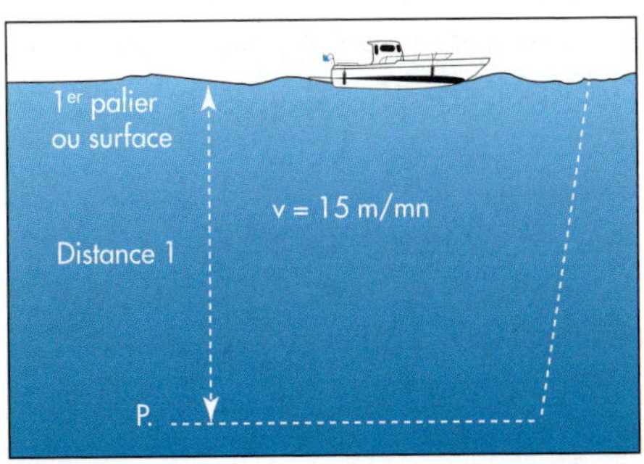


(1) Réalisé d'après "Actualisation des tables MN90 par le CEPISMER" de F. Imbert et J.-L. Blanchard, dans le CTN INFO n°25 p 4-48 - Subaqua n° 156 - Janvier/Février 1998.

Voici la convention pour le calcul de la "durée totale de remontée" :

- considérer que la vitesse de remontée est de 15 mètres par minute
- calculer le nombre de mètres depuis le fond jusqu'au premier palier rencontré, ou bien jusqu'à la surface en cas d'absence de palier. Cela fournit une distance 1
- calculer la durée de cette remontée par la formule du type :

$$\text{durée en minutes} = \frac{\text{distance 1 (en mètres)}}{15}$$

- ajouter la durée des éventuels paliers ainsi que les durées de passage d'un palier à un autre (30 secondes, c'est-à-dire 0,5 minute)
- arrondir à l'entier immédiatement supérieur la somme obtenue

### • *Quelques exemples à titre d'illustration*

Munissez-vous de vos tables MN90 et réalisez les exercices qui suivent.

**1er exemple**

Plongée simple en mer, dans la courbe de sécurité :
immersion à 10 h 00, temps de plongée de 50 minutes à 18 mètres

- Durée totale de la remontée : 18/15 = 1,2 mn
- Heure de sortie : 10 h 52

**2e exemple**

Plongée simple en mer, avec palier de décompression :
immersion à 14 h 00, temps de plongée de 32 minutes à 24 mètres

- Palier de 5 minutes à 3 mètres
- Durée de la remontée du fond au palier : (24 – 3) ÷ 15 = 1,4 mn
- Durée totale de la remontée : 32 + 1,4 + 5 + 0,5 = 38,9 mn
- Heure de sortie : 14 h 39

**3e exemple**

Plongée successive en mer, avec palier de décompression :
lettre de groupe de la 1re plongée : H - intervalle de surface de 1 h 15, immersion à 16 h 00, temps de plongée de 20 minutes à 25 mètres

- AR = 1,05
- Majoration : 25 minutes
- Palier : de 16 minutes à 3 mètres
- Durée de la remontée du fond au palier : (25 – 3) ÷ 15 = 1,47 mn
- Durée totale de la remontée : 20 + 1,47 + 16 + 0,5 = 37,97 mn
- Heure de sortie : 16 h 38

## ❑ RÉSOUDRE UN PROBLÈME DE PLONGÉE

La résolution d'un problème de plongée demande de suivre une certaine démarche.

### • *Comprendre et analyser les données du problème*

Lisez attentivement l'énoncé du problème jusqu'à comprendre son contenu.

Soulignez les différents paramètres du problème qui vous serviront à sa résolution.

### • *Représenter le problème graphiquement*

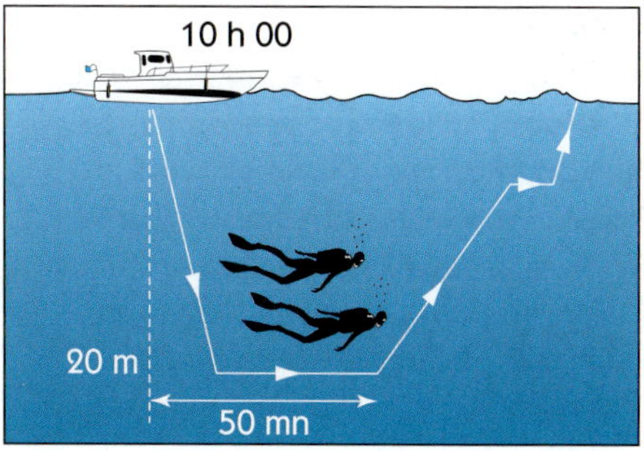


Le fait de représenter le problème graphiquement réduit le risque d'oublier des paramètres, de faire des erreurs de calcul, facilite la résolution du problème.

Construisez un graphique aéré comportant les paramètres de l'énoncé.

### • *Déterminer le type de plongée et la procédure à suivre*

Déterminer le type de plongée dont il s'agit :

- plongée simple
- plongée consécutive
- plongée successive
- remontée lente
- remontée rapide
- abandon de palier

et la procédure à appliquer qui en découle, en justifiant par écrit de façon concise vos choix et votre démarche.

*• Réaliser ses calculs et reporter les résultats sur le graphique*

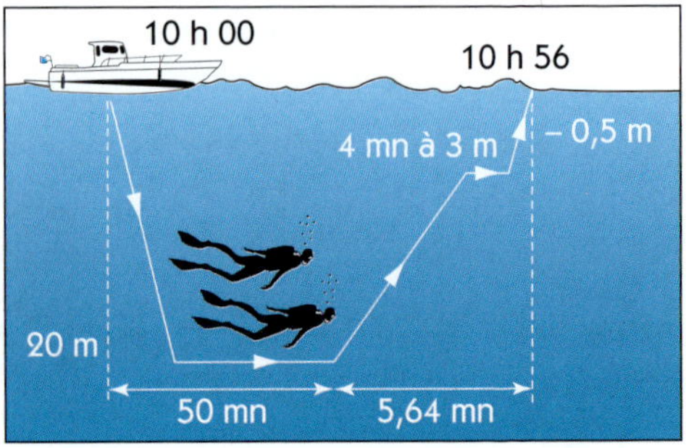


Réalisez vos calculs et reportez au fur et à mesure vos résultats sur le graphique de façon lisible. Ceci vous évitera de faire des erreurs lors de votre calcul final. Si nécessaire, complétez le graphique d'explications brèves dans le but de clarifier votre raisonnement. Additionnez les différentes durées en minutes de la plongée avant de déterminer l'heure de sortie.

**ATTENTION : Dans le cadre d'exercices théoriques, vous ne préciserez que les paliers imposés par les tables de plongée, vous ne tiendrez pas compte du palier de principe.**

* d'après "Actualisation des tables MN90 par le CEPISMER" de F. Imbert et J.L. Blanchard, dans CTN INFO n°25 - p.4-48
Subaqua n°156 - Janvier/Février 1998

*• Vérifier ses calculs*

Refaites vos calculs une seconde fois et comparez vos résultats. En cas de résultats différents, reprenez vos calculs en vérifiant les différentes étapes.

D'autre part, à partir de votre vécu, vérifiez la plausibilité de vos résultats.

***• Récapitulatif de la démarche générale***

Lire l'énoncé du problème dans le but d'en comprendre le sens.

↓

Représenter le problème graphiquement.

↓

Déterminer le type de plongée et la procédure à suivre.

↓

Effectuer les calculs et reporter les résultats sur le graphique.

↓

Vérifier les calculs et la plausibilité du résultat.

# TESTS DE NIVEAU 1

N1

# TEST A

(* questions éliminatoires)

15 à 20 mn

1. * Un plongeur de niveau 1 peut-il plonger seul, pourquoi ?
2. Qui assure la sécurité au sein d'une palanquée, lors d'une plongée d'exploration ?
3. Quel est le rôle du gilet de remontée ?
4. Quel est le rôle du masque ?
5. Quel est le rôle du tuba ?
6. Quel est le rôle du détendeur ?
7. * Quel est le rôle de la réserve ?
8. Précisez la couleur du pavillon alpha, quel est son rôle ?
9. Quel est l'entretien courant de votre matériel ?
10. Qu'est-ce qu'une pression, citez son intervention dans notre pratique ?
11. Quelle est la valeur approximative de la pression atmosphérique au niveau de la mer ?
12. Quelle est la valeur de la pression relative à 25, 9 et 12 mètres ?
13. Qu'appelle-t-on le temps de plongée ?
14. Combien de temps pouvez-vous rester à 20 mètres sans avoir à faire de palier ?
15. * Quelle pression doit indiquer votre manomètre avant de plonger ?

# TEST A

(* questions éliminatoires)

16. Que faites-vous en cas de douleur au sinus à la remontée ?

17. * Quelles vérifications matérielles devez-vous effectuer avant de plonger ?

18. * Quelle est la vitesse de remontée préconisée par les tables et le moyen de la visualiser ?

19. Que faites-vous en cas de douleur à l'oreille, à la remontée ?

20. * Quelle est la prévention pour éviter une surpression pulmonaire ?

21. * Quelle est la prévention pour éviter l'accident des sinus ?

22. * Qu'est-ce qu'un placage de masque, quelle est sa prévention ?

23. * Quelles préventions suivez-vous lors de la descente pour éviter les accidents barotraumatiques ?

24. Lors d'une plongée, sur quelle indication descendez-vous ?

25. * Que faites-vous si vous êtes déjà essoufflé en surface, avant une plongée ?

26. * Que faites-vous en cas d'essoufflement en plongée ?

27. * Que devez-vous faire quand vous passez sur réserve ?

28. * Lors de la remontée comment devez-vous être situé par rapport au guide de palanquée ?

29. * Que devez-vous faire en cas de perte de palanquée ?

30. * Quelles précautions devez-vous prendre après une plongée ?

Solutions pages 28 et 29

# TEST B

(* questions éliminatoires)

15 à 20 mn

**1** Quel est l'entretien de votre matériel après chaque plongée ?

**2** Quelle est la valeur de la pression absolue à 25, 11 et 7 mètres ? Justifiez votre réponse.

**3** Qu'est-ce qu'un détendeur à deux étages, quel est son rôle ?

**4** * Qu'indique une réserve ?

**5** Quel est le rôle d'un manomètre sous-marin ?

**6** * Qu'indique le manomètre quand il est temps de remonter ?

**7** Quelles modifications de perception entraînent la vision sous-marine, à l'aide d'un masque ?

**8** Quel est le rôle des palmes ?

**9** Quel est le rôle de la ceinture de lest ?

**10** * Quelles sont les prérogatives d'un plongeur niveau 1 ?

**11** Citez des exemples d'interventions de la pression dans notre pratique.

**12** Quel est le rôle du guide de palanquée ?

**13** Que précise la courbe de sécurité à 20 mètres ?

**14** * Quelle pression devez-vous lire à votre manomètre avant de plonger ?

**15** * Dans quel cas devez-vous vous abstenir de plonger ?

# TEST B

(* questions éliminatoires)

16 — Qui saute à l'eau en premier ?

17 — * Quelles vérifications devez-vous effectuer sur votre scaphandre autonome avant de plonger ?

18 — * Quel est le moyen non matériel vous permettant de contrôler votre vitesse de remontée ?

19 — Comment rallie-t-on le bateau à la fin de la plongée ?

20 — * Quelle est la prévention pour éviter l'accident des oreilles ?

21 — * Quelle est la prévention pour éviter le placage de masque ?

22 — * Citez les accidents barotraumatiques à la remontée et leurs préventions ?

23 — Dans quel cas réalise-t-on une plongée de réadaptation ?

24 — * Quelle est votre conduite à tenir en cas d'essoufflement en plongée ?

25 — Lors de la descente, comment devez-vous être situé par rapport au guide de palanquée ?

26 — Qui décide de remonter au sein de la palanquée ?

27 — * Pouvez-vous prendre l'avion juste après une plongée avec palier ?

28 — * Que faites-vous en cas de perte de palanquée ?

29 — * Que faites-vous en cas de panne d'air ?

30 — * Que devez-vous faire quand vous passez sur réserve ?

Solutions pages 30 et 31

# TEST C

(*questions éliminatoires)

15 à 20 mn

1. Que contient une bouteille de plongée ?

2. * De combien de plongeurs au minimum est constituée une palanquée ? Définissez le rôle de chacun.

3. Comment paraissent les objets vus sous l'eau à l'aide d'un masque ?

4. * Un plongeur de niveau 1 peut-il plonger en autonomie à 20 mètres ? Justifiez votre réponse.

5. Quel est le rôle du détendeur en plongée ?

6. Précisez les principaux systèmes de sécurité qui permettent de gérer l'air en plongée.

7. Quel est le rôle du poignard de plongée ?

8. Quel est le rôle de la combinaison de plongée ?

9. Quel est le rôle du manomètre sous-marin ?

10. Quel est l'entretien de votre matériel après chaque plongée et en fin de saison ?

11. Qu'est-ce que la pression, précisez une unité de pression utilisée en plongée ?

12. Qu'appelle-t-on la pression relative, quelle est sa valeur à 5, 10 et 15 mètres ?

13. Qu'appelle-t-on la pression absolue, quelle est sa valeur à 7, 12 et 21 mètres ?

14. Combien de temps peut-on rester à 20 mètres, sans avoir à faire de palier ?

15. * Quelles vérifications devez-vous effectuer sur votre matériel avant de plonger ?

# TEST C

(* questions éliminatoires)

**16** Qu'appelle-t-on une plongée de réadaptation, dans quel cas de figures réalise-t-on ce type de plongée ?

**17** * Comment contrôle-t-on sa vitesse de remontée sans instrument ?

**18** * Quels sont les accidents barotraumatiques à la descente et leurs préventions ?

**19** * Peut-on faire des apnées, en plongée bouteille, lors de la remontée ? Justifiez votre réponse.

**20** * Quelle est la prévention pour éviter les accidents de surface ?

**21** * Quelle est votre conduite à tenir en cas d'essoufflement ?

**22** * Peut-on donner de l'air à un apnéiste ? Justifiez votre réponse.

**23** * Que faites-vous en cas de panne d'air ?

**24** * Quelle est votre conduite à tenir en cas de remontée rapide ?

**25** * Quand sait-on que l'on est sur réserve ?

**26** * Que faites-vous lorsque vous êtes sur réserve ?

**27** Quels sont les paramètres à relever après une plongée ?

**28** * Que faites-vous en cas de perte de palanquée ?

**29** Combien peut-on faire de plongées par jour, à l'aide des tables MN 90 ?

**30** * Que faut-il éviter de faire après une plongée ?

Solutions pages 32 et 33

# Pour votre préparation au niveau 1

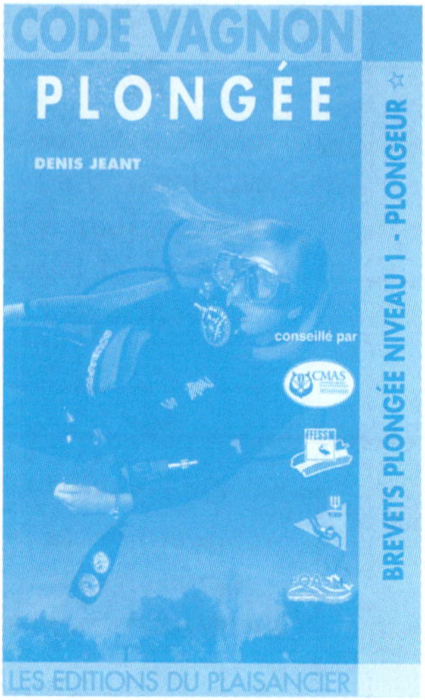


**CODE NIVEAU 1/Plongeur** ☆
5e édition
368 pages
+ de 400 photos et dessins couleurs
Format : 13,5 x 21 cm

**VIDÉO BAPTÊME ET DÉCOUVERTE**
VHS - 25 minutes

**VIDÉO NIVEAU 1**
VHS - 28 minutes

# RÉPONSES AUX TESTS DE NIVEAU 1

# RÉPONSES TEST A

pages 20 et 21

* questions éliminatoires

Cocher vos bonnes réponses

**1*** Quel que soit le niveau, il est fortement déconseillé de plonger seul, pour des raisons de sécurité. Un plongeur de niveau 1 peut plonger en étant assisté dans l'espace médian, c'est-à-dire la zone de 0 à 20 mètres. ❑

**2** C'est le guide de palanquée qui conduit la palanquée et assure la sécurité collective en son sein. D'autre part, chaque plongeur, par sa vigilance, participe à la sécurité. ❑

**3** Le gilet de remontée assure confort et sécurité. Il permet de s'équilibrer en surface et au fond et de remonter en cas de problème. ❑

**4** Le rôle du masque est de permettre de retrouver une vision presque normale sous l'eau. ❑

**5** Le tuba permet de respirer en surface, tête immergée. D'autre part, il permet de rallier le lieu d'immersion en début de plongée et le bateau en fin de plongée. ❑

**6** Le rôle du détendeur est de détendre l'air haute pression de la bouteille à la pression ambiante afin qu'il soit respirable en plongée. ❑

**7*** La réserve est un système de sécurité qui permet d'avertir le plongeur qu'il lui reste environ 50 bars dans sa bouteille et qu'il est temps de remonter. ❑

**8** Le pavillon alpha du code international de navigation est composé de deux bandes verticales, l'une blanche et l'autre bleue. Il signale aux navires que des plongeurs sont à l'eau et qu'il faut ralentir son allure et s'écarter. ❑

**9** Vous devez rincer à l'eau douce l'ensemble de votre matériel après chaque plongée. ❑

**10** La pression est une force exercée sur une surface. Sur terre, nous subissons la pression atmosphérique, sous l'eau la pression absolue, le manomètre indique la pression qui règne dans notre bouteille. ❑

**11** La pression atmosphérique est d'environ 1 bar au niveau de la mer. ❑

**12** La pression relative varie de 1 bar environ tous les 10 mètres. Elle est donc de : 2,5 bars à 25 mètres, 0,9 bar à 9 mètres et 1,2 bar à 12 mètres. ❑

**13** Le temps de plongée représente la durée comprise entre le début de l'immersion et le moment où l'on entame la remontée. ❑

**14** D'après la courbe de sécurité des tables MN90, le temps maximum de plongée qui n'impose pas de palier à 20 mètres est de 40 minutes. ❑

**15*** Le manomètre doit indiquer avant de plonger, une pression comprise entre 180 et 200 bars. ❑

**16** En cas de douleur au sinus lors de la remontée, il faut redescendre de quelques mètres puis remonter lentement. ❑

**17*** Les vérifications matérielles avant de plonger sont : ❑
- pression de la bouteille : 180 à 200 bars
- réserve en position haute selon le cas
- fonctionnement du détendeur : le faire fuser et inspirer pour voir s'il fonctionne
- ceinture de lest apparente et largable
- direct-system de gilet de remontée ou de bouée connecté et en état de marche

Cocher
vos bonnes
réponses

**18*** La vitesse de remontée préconisée par les tables MN90 est située entre 15 et 17 mètres/mn. Elle correspond à la vitesse des plus petites bulles expirées. La vitesse de remontée entre paliers ou entre le palier de 3 mètres et la surface doit être très lente : 1 mètre/10 secondes. Elle correspond à une remontée réalisée "main sur main" le long d'une ligne de mouillage. ❑

**19** En cas de douleur à l'oreille, à la remontée, il faut redescendre de quelques mètres et remonter lentement. ❑

**20*** Pour prévenir la surpression pulmonaire, il suffit tout simplement d'insister légèrement sur l'expiration et de ne surtout jamais bloquer sa respiration lors de la remontée. ❑

**21*** Pour éviter l'accident des sinus, il faut éviter de plonger lorsque l'on est enrhumé ou en cas de sinusite.
Lors de la descente, il ne faut pas insister en cas de problème et reporter sa plongée. En cas de problème à la remontée, il faut redescendre de quelques mètres puis remonter lentement. ❑

**22*** Le placage de masque est un accident provoqué à la descente par la non équilibration du volume interne du masque avec la pression ambiante. Pour éviter cet effet de ventouse, il suffit de souffler de l'air par le nez de temps en temps, lors de la descente. ❑

**23*** Lors de la descente, il faut équilibrer ses oreilles et son masque régulièrement. Pour équilibrer ses oreilles, on peut réaliser une manœuvre de Valsalva sans forcer et pour équilibrer le masque, il suffit de souffler de l'air par le nez. ❑

**24** C'est le guide de palanquée qui conduit la palanquée, on descend donc sur son signe. ❑

**25*** Lorsque l'on est essoufflé en surface, il ne faut surtout pas descendre car l'effet de la pression ne ferait qu'aggraver l'essoufflement. ❑

**26*** En cas d'essoufflement, il faut arrêter tout mouvement et se forcer à expirer. Puis faire sans tarder le signe "je suis essoufflé" au guide de palanquée. ❑

**27*** Quand on passe sur réserve, il faut prévenir le guide de palanquée. Il indiquera ensuite à l'ensemble de la palanquée de remonter. ❑

**28*** Lors de la remontée, on doit être situé légèrement plus bas que le guide de palanquée. Il indique la vitesse de remontée à l'ensemble de la palanquée. ❑

**29*** En cas de perte de palanquée, il faut rester où vous êtes et signalez votre présence à la palanquée en tapant sur votre bouteille à l'aide de votre poignard. Si elle n'apparaît pas au bout d'une minute, il faut envisager de remonter à la vitesse préconisée et prévenir la personne responsable de la sécurité en surface. ❑

**30*** Après une plongée, il faut relever les paramètres de la plongée afin de pouvoir les communiquer en cas d'accident. De plus, il ne faut pas faire d'effort violent, plonger en apnée, ou monter en altitude (avion, montagne). ❑

Nombre de réponses justes : / 30
Nombre de questions éliminatoires* fausses : / 15

# RÉPONSES TEST B

pages 22 et 23

* questions éliminatoires

Cocher vos bonnes réponses

1 Il faut rincer son matériel à l'eau douce après chaque plongée. ❑

2 La pression absolue = Pression atmosphérique + Pression relative. Elle sera donc de : 3,5 bars à 25 mètres, 2,1 bars à 11 mètres, 1,7 bar à 7 mètres. ❑

3 Un détendeur à 2 étages détend l'air haute pression de la bouteille en 2 étapes pour qu'il soit respirable à la pression ambiante :
1re étape : Haute Pression - Moyenne Pression
2e étape : Moyenne Pression - Pression Ambiante ❑

4* La réserve est un mécanisme qui indique au plongeur qu'il lui reste environ 50 bars dans sa bouteille et qu'il est temps de remonter. Le signal est une respiration qui devient de plus en plus difficile, le plongeur passe alors sur réserve. ❑

5 Le manomètre sous-marin permet de gérer son air en plongée, c'est pour cette raison qu'il faut le consulter régulièrement au cours de la plongée. ❑

6* Le manomètre sous-marin indique 50 bars lorsqu'il est temps de remonter. ❑

7 Le masque modifie la perception visuelle sous l'eau : les objets apparaissent plus gros et plus près. ❑

8 Les palmes permettent de rendre plus efficace notre nage en surface et sous l'eau. ❑

9 La ceinture de lest permet de compenser la flottabilité de votre combinaison. ❑

10* Un plongeur de niveau 1 peut plonger encadré dans l'espace médian, c'est-à-dire la zone de 0 à 20 mètres. ❑

11 La pression de l'eau qui agit sur nos tympans, la pression qui règne dans notre bouteille, la moyenne pression détendue par le détendeur à 2 étages... ❑

12 Le rôle du guide de palanquée est de conduire la palanquée et d'assurer la sécurité collective en son sein. ❑

13 La courbe de sécurité représente les temps maxima de plongée à des profondeurs données qui n'imposent pas de faire des paliers. A 20 mètres le temps maximum à ne pas dépasser est de 40 minutes. ❑

14* Le manomètre doit indiquer avant de plonger, une pression de l'ordre de 180 à 200 bars. ❑

15* Il faut s'abstenir de plonger en cas de :
- fatigue, anxiété, climat psychologique défavorable,
- importants troubles digestifs, affections O.R.L., mal de mer,
- traitement médical en cours,
- juste après un long trajet, une "nuit blanche",
  et si l'on n'en a pas envie. ❑

16 Pour des raisons de sécurité, le guide de palanquée saute à l'eau en premier. ❑

Cocher vos bonnes réponses

**17*** Les vérifications à effectuer sur le scaphandre autonome avant de plonger sont :
- pression de la bouteille : 180 à 200 bars ❑
- réserve en position haute selon le cas
- fonctionnement du détendeur : le faire fuser et inspirer pour voir s'il fonctionne

**18*** La vitesse de remontée peut être contrôlée en remontant à la vitesse des plus petites bulles expirées. La vitesse de remontée entre paliers ou entre le palier de 3 mètres et la surface doit être très lente : 1 mètre/10 secondes. Elle correspond à une remontée réalisée "main sur main" le long d'une ligne de mouillage. ❑

**19** En fin de plongée, on rallie le bateau en étant groupé et sur tuba. ❑

**20*** Il suffit d'effectuer, régulièrement, lors de la descente une manœuvre de Valsalva sans forcer. ❑

**21*** Il suffit de souffler de l'air par le nez dans le masque, régulièrement, lors de la descente, afin d'éviter qu'il se crée une dépression en son sein. ❑

**22*** La surpression pulmonaire : il suffit d'expirer régulièrement lors de la remontée. ❑
Les accidents des oreilles et des sinus : en cas de problème, il faut redescendre de quelques mètres, puis remonter lentement.

**23** On réalise une plongée de réadaptation lorsque l'on n'a pas plongé depuis un certain temps ou lorsque l'on utilise un matériel que l'on ne connaît pas. ❑

**24*** En cas d'essoufflement, il faut arrêter tout mouvement et se forcer à expirer. Puis faire sans tarder le signe "je suis essoufflé" au guide de palanquée. ❑

**25** Lors de la descente, on doit être situé légèrement plus haut que le guide de palanquée, en aucun cas plus profond que lui. ❑

**26** C'est le guide de palanquée qui décide de remonter car c'est lui qui guide la palanquée. ❑

**27*** On ne peut pas prendre l'avion juste après une plongée avec palier, il faut attendre 12 à 24 heures. ❑

**28*** En cas de perte de palanquée, il faut rester où vous êtes et signalez votre présence à la palanquée en tapant sur votre bouteille à l'aide de votre poignard. Si elle n'apparaît pas au bout d'une minute, il faut envisager de remonter à la vitesse préconisée et prévenir la personne responsable de la sécurité en surface. ❑

**29*** En cas de panne d'air, il faut effectuer sans tarder le signe : "je n'ai plus d'air" au coéquipier le plus proche, le temps que le guide de palanquée prenne le relais. ❑

**30*** Quand on passe sur réserve, il faut prévenir le guide de palanquée. Il indiquera ensuite à l'ensemble de la palanquée de remonter. ❑

Nombre de réponses justes : / 30
Nombre de questions éliminatoires* fausses : / 15

# RÉPONSES TEST C

pages 24 et 25

* questions éliminatoires

Cocher vos bonnes réponses

1 Une bouteille de plongée contient de l'air comprimé. ❑

2* Une palanquée est constituée au moins de deux plongeurs, il est dangereux de plonger seul. L'un des plongeurs qualifié en fonction du type de plongée, est guide de palanquée et assure la conduite de la palanquée. ❑

3 Les objets vus sous l'eau à l'aide d'un masque apparaissent plus gros et plus près. ❑

4* Un plongeur de niveau 1 ne peut pas plonger en autonomie à 20 mètres, il ne peut que plonger encadré dans la zone de 0 à 20 mètres. ❑

5 Le rôle du détendeur est de détendre l'air haute pression de la bouteille à la pression ambiante afin qu'il soit respirable en plongée. ❑

6 Les principaux mécanismes permettant de gérer l'air en plongée sont :
- le manomètre sous-marin qui indique la pression régnant dans la bouteille. ❑
- la réserve qui avertit le plongeur quand la pression de la bouteille avoisine 50 bars.

7 Le poignard de plongée sert à se dégager d'un filet ou à signaler sa présence à la palanquée lorsque l'on s'est perdu. ❑

8 La combinaison de plongée sert à se protéger du froid. ❑

9 Le manomètre sous-marin permet de gérer son air en plongée, c'est pour cette raison qu'il faut le consulter régulièrement au cours de la plongée. ❑

10 Vous devez rincer l'ensemble de votre matériel après chaque plongée. Après chaque saison, vous tremperez l'ensemble de votre matériel dans de l'eau douce et le ferez sécher à l'ombre. Les bouteilles seront confiées à un spécialiste en inspection visuelle qui contrôlera leur état. Votre détendeur, montre et profondimètre ou ordinateur seront contrôlés par un spécialiste. ❑

11 Une pression est le résultat d'une force qui s'exerce sur une surface. En plongée, nous utilisons le plus souvent comme unité : le bar (b) et le kilogramme force par centimètre carré ($kgf/cm^2$). ❑

12 La pression relative est la pression engendrée par le poids de l'eau. Elle varie de 1 bar environ tous les 10 mètres. Elle est donc de : 0,5 bar à 5 mètres, 1 bar à 10 mètres et 1,5 bar à 15 mètres. ❑

13 La pression absolue est la pression subie sous l'eau, elle est égale à la somme de la pression atmosphérique et de la pression relative. Elle sera donc de : 1,7 bar à 7 mètres, 2,2 bars à 12 mètres et 3,1 bars à 21 mètres. ❑

14 On peut rester un maximum de 40 minutes à 20 mètres, sans avoir à faire de palier. ❑

15* Les vérifications matérielles à effectuer avant de plonger sont :
- pression de la bouteille : 180 à 200 bars
- réserve en position haute selon le cas ❑
- fonctionnement du détendeur : le faire fuser et inspirer pour voir s'il fonctionne
- ceinture de lest apparente et largable
- direct-system de gilet ou de bouée connecté et en état de marche.

Cocher vos bonnes réponses

16 Une plongée de réadaptation est une plongée réalisée dans des conditions relativement faciles et à faible profondeur. On réalise ce type de plongée lorsque l'on n'a pas plongé depuis un certain temps ou lorsque l'on utilise un matériel que l'on ne connaît pas. ❑

17* La vitesse de remontée peut être contrôlée sans instrument en remontant à la vitesse des plus petites bulles expirées. La vitesse de remontée entre paliers ou entre le palier de 3 mètres et la surface doit être très lente : 1 mètre/10 secondes. Elle correspond à une remontée réalisée "main sur main" le long d'une ligne de mouillage. ❑

18* L'accident des oreilles : il suffit d'effectuer la manœuvre de Valsalva, sans forcer et de façon régulière lors de la descente. ❑
L'accident des sinus : il faut éviter de plonger en cas d'affection O.R.L. et préférer reporter sa plongée.
Le placage de masque : il suffit d'insuffler de l'air par le nez, dans le masque, régulièrement lors de la descente. ❑

19* Il ne faut pas réaliser des apnées en bouteille, lors de la remontée, car l'on risque de provoquer une surpression pulmonaire. ❑

20* La prévention pour éviter les accidents de surface consiste à marquer un arrêt à 3 mètres et d'effectuer un tour d'horizon afin de scruter la surface. En surface, on réalisera de nouveau un tour d'horizon afin de repérer d'éventuelles embarcations. ❑

21* En cas d'essoufflement, il faut arrêter tout mouvement et se forcer à expirer. Puis faire sans tarder le signe "je suis essoufflé" au guide de palanquée. ❑

22* Il ne faut jamais donner d'air à un apnéiste car il risque de faire une surpression pulmonaire. Ce type de discipline ne nécessite pas d'expirer à la remontée dans des conditions habituelles. ❑

23* En cas de panne d'air, il faut effectuer sans tarder le signe : "je n'ai plus d'air" au coéquipier le plus proche, le temps que le guide de palanquée prenne le relais. ❑

24* En cas de remontée rapide, il faut descendre dans les moins de 3 minutes, accompagné du guide de palanquée pour réaliser un palier de 5 minutes à mi-profondeur. ❑

25* On sait que l'on est sur réserve lorsque la respiration devient difficile si l'on est équipée d'une réserve, ou lorsque le manomètre indique 50 bars. ❑

26* Quand on passe sur réserve, il faut prévenir le guide de palanquée. Il indiquera ensuite à l'ensemble de la palanquée de remonter. ❑

27 Les paramètres à relever après une plongée sont : la profondeur maximum atteinte, le temps de plongée, les paliers éventuels, l'heure de sortie. ❑

28* En cas de perte de palanquée, il faut rester où vous êtes et signalez votre présence à la palanquée en tapant sur votre bouteille à l'aide de votre poignard. Si elle n'apparaît pas au bout d'une minute, il faut envisager de remonter à la vitesse préconisée et prévenir la personne responsable de la sécurité en surface. ❑

29 Il ne faut pas faire plus de deux plongées par jour à l'aide des tables MN90. ❑

30* Après une plongée, il faut éviter de faire des efforts violents, de plonger en apnée ou de monter en altitude (avion, montagne). ❑

Nombre de réponses justes : / 30
Nombre de questions éliminatoires* fausses : / 15

# Pour votre préparation au niveau 2

**CODE NIVEAU 2/Plongeur ☆☆**
5e édition
368 pages
Plus de 400 photos et dessins
Format : 13,5 x 21 cm

**VIDÉO NIVEAU 2**
VHS - 35 minutes

# QCM
# DE NIVEAU 2

# QCM D : PHYSIQUE APPLIQUÉE A LA PLONGÉE (★ questions éliminatoires)

**1** Quelle est la zone où ont lieu les plus grandes variations de pression ? Entre :

- a. 10 mètres et la surface ☐
- b. 20 mètres et 10 mètres ☐
- c. 40 mètres et 30 mètres ☐
- d. 50 mètres et 40 mètres ☐

**2** Quel est le volume en surface d'un ballon déformable et ouvert, si son volume était de 3 litres à 30 mètres ?

- a. 3 litres ☐
- b. 6 litres ☐
- c. 9 litres ☐
- d. 12 litres ☐

**3** Précisez les conséquences pratiques de la loi de Mariotte :

- a. le poumon ballast ☐
- b. l'écrasement du néoprène avec la pression ☐
- c. la nécessité d'expirer à la remontée ☐
- d. l'augmentation de volume du gilet lors de la remontée ☐

**4** Un ballon déformable est gonflé de 5 litres d'air à 30 mètres puis fermé. A quelle profondeur aura-t-il un volume de 8 litres ?

- a. 5 mètres ☐
- b. 6 mètres ☐
- c. 15 mètres ☐
- d. 25 mètres ☐

**5** Lorsque vous regardez sous l'eau à l'aide d'un masque, les objets paraissent :

- a. plus gros de 1/3 ☐
- b. plus loin de 1/4 ☐
- c. plus près de 1/3 ☐
- d. plus près de 1/4 ☐

**6** La luminosité est meilleure sous l'eau lorsque :

- a. le soleil est haut dans le ciel ☐
- b. il y a des particules en suspension ☐
- c. en milieu de journée ☐
- d. l'on descend en profondeur ☐

**7** Quelles couleurs disparaissent de 0 à 25 mètres ?

- a. le bleu ☐
- b. le jaune ☐
- c. le violet ☐
- d. le rouge ☐

**8** La vitesse du son sous l'eau est :

- a. supérieure à celle dans l'air ☐
- b. d'environ 1500 m/s ☐
- c. d'environ 3000 m/s ☐
- d. environ 2 fois plus importante que celle de l'air ☐

## (* questions éliminatoires) PHYSIQUE APPLIQUÉE A LA PLONGÉE : QCM D

**9** La poussée d'Archimède est :

a. une force dirigée de haut en bas ☐
b. une pression dirigée de bas en haut ☐
c. une poussée dirigée de bas en haut ☐
d. une poussée dirigée de haut en bas ☐

**10** Lorsqu'un corps coule, sa flottabilité est :

a. positive ☐
b. négative ☐
c. nulle ☐
d. équilibré ☐

**11** Quel est le poids apparent d'un plongeur de 80 kg et d'un volume de 78 $dm^3$ ? On considérera que la densité de l'eau est égale à 1. Pour simplifier, on considère que masse et poids s'expriment numériquement par le même nombre.

a. – 2 kgf ☐
b. 0 kgf ☐
c. + 2 kgf ☐
d. + 5 kgf ☐

**12** Quelles sont les applications pratiques du principe d'Archimède ?

a. le poumon balast ☐
b. l'expiration à la remontée ☐
c. le phoque ☐
d. le canard ☐

**13** Quels sont les principaux gaz composant l'air atmosphérique ?

a. le monoxyde de carbone ☐
b. le dioxyde de carbone ☐
c. l'azote ☐
d. l'oxygène ☐

**14** Quelle est votre consommation à 22 mètres, si vous consommez 18 l/mn en surface ?

a. environ 18 l/mn ☐
b. environ 36 l/mn ☐
c. environ 40 l/mn ☐
d. environ 58 l/mn ☐

* **15** Vous utilisez un bloc de 15 litres gonflé à 200 bars, vous prévoyez une réserve de 50 bars. Votre consommation en surface est de 20 l/mn. Quelle est votre autonomie à 22 mètres ?

a. environ 3 mn ☐
b. environ 36 mn ☐
c. environ 47 mn ☐
d. environ 120 mn ☐

Solutions page 52

# QCM E : TABLES DE PLONGÉE (★ questions éliminatoires)

**★ 16** Les paramètres de plongée à prendre en compte pour utiliser les tables MN 90 sont :

a. la profondeur moyenne atteinte ☐
b. la profondeur maximum atteinte ☐
c. la durée totale de l'immersion ☐
d. la durée des paliers ☐

**★ 17** Combien de temps maximum pouvez-vous rester à 20 mètres sans avoir à faire de paliers ?

a. 40 minutes ☐
b. 60 minutes ☐
c. 75 minutes ☐
d. 120 minutes ☐

**★ 18** La vitesse de remontée théorique préconisée par les tables de plongée MN 90 est :

a. située entre 17 et 20 m/mn ☐
b. située entre 15 et 17 m/mn ☐
c. de 1 m/10 secondes entre les paliers et entre le palier de 3 mètres et la surface ☐
d. de 20 m/mn ☐

**★ 19** Quelles conditions sortent du cadre d'utilisation des tables de plongée ?

a. l'effort en plongée ☐
b. la plongée en eau froide ☐
c. la plongée en eau chaude ☐
d. la plongée en situation de stress ☐

**★ 20** On appelle une plongée simple :

a. une plongée ne succédant à aucune plongée ☐
b. une plongée réalisée après un intervalle supérieur à 12 h 00 ☐
c. une plongée réalisée après un intervalle de 8 h 30 ☐
d. une plongée sans palier ☐

**★ 21** Une plongée consécutive est une plongée réalisée après un intervalle :

a. de 8 h 30 ☐
b. inférieur à 15 minutes ☐
c. compris entre 15 mn et 8 h 30 ☐
d. supérieur à 12 h 00 ☐

**★ 22** Une plongée successive est une plongée réalisée après un intervalle :

a. de 8 h 30 ☐
b. inférieur à 15 minutes ☐
c. compris entre 15 minutes et 12 h 00 ☐
d. supérieur à 12 h 00 ☐

**★ 23** En cas de remontée rapide, vous devez :

a. redescendre à mi-profondeur et réaliser un palier de 5 minutes ☐
b. redescendre à la profondeur maxi et remonter lentement ☐
c. rallonger vos paliers de 3 minutes ☐
d. redescendre dans les 3 minutes à demi-profondeur et réaliser un palier de 5 minutes ☐

(★ questions éliminatoires)

## TABLES DE PLONGÉE : QCM E

★ **24** Lors d'une plongée consécutive, le temps pris en compte pour calculer les paliers est :

- a. le temps de plongée ☐
- b. le temps de la plongée additionné au temps fictif ☐
- c. les temps des deux plongées additionnés ☐
- d. le temps de plongée ☐

★ **25** Lors d'une plongée successive, le temps pris en compte pour calculer les paliers est :

- a. le temps de plongée ☐
- b. le temps de la plongée additionné au temps fictif ☐
- c. les temps des deux plongées additionnés ☐
- d. le temps de plongée additionné à la majoration ☐

★ **26** Lors d'une plongée successive, la profondeur prise en compte pour calculer les paliers est :

- a. la profondeur maximum atteinte lors des deux plongées ☐
- b. la profondeur maximum atteinte lors de la 2e plongée ☐
- c. la profondeur moyenne des deux plongées ☐
- d. la profondeur moyenne atteinte lors de la 2e plongée ☐

★ **27** Dans les tableaux des tables MN 90, pour aller dans le sens de la sécurité, on prend la valeur immédiatement supérieure pour :

- a. le temps de plongée lors de la détermination des paliers ☐
- b. la profondeur lors de la détermination de la majoration ☐
- c. l'azote résiduel lors de la détermination de la majoration ☐
- d. l'intervalle lors de la détermination de l'azote résiduel ☐

**28** Plongée de 35 minutes à 28 mètres. Paliers ?

- a. aucun palier ☐
- b. 2 mn à 3 mètres ☐
- c. 6 mn à 3 mètres ☐
- d. 12 mn à 3 mètres ☐

**29** Plongée de 28 minutes à 23 mètres. Paliers ?

- a. aucun palier ☐
- b. 1 mn à 3 mètres ☐
- c. 2 mn à 3 mètres ☐
- d. 7 mn à 3 mètres ☐

**30** Plongée de 40 minutes à 20 mètres. Puis remontée en 2 minutes de 20 à 15 mètres. Paliers ?

- a. aucun palier ☐
- b. 1 mn à 3 mètres ☐
- c. 4 mn à 3 mètres ☐
- d. 9 mn à 3 mètres ☐



Solutions page 52

# QCM F

(★ questions éliminatoires)

**31** * Plongée de 22 minutes à 24 mètres. Puis 10 minutes après, plongée de 14 minutes à 20 mètres. Paliers de la 2e plongée ?

- a. aucun palier ☐
- b. 5 mn à 3 mètres ☐
- c. 10 mn à 3 mètres ☐
- d. 16 mn à 3 mètres ☐

**32** Plongée de 20 minutes à 17 mètres. Puis 7 minutes après, plongée de 26 minutes à 21 mètres. Paliers de la 2e plongée ?

- a. aucun palier ☐
- b. 2 mn à 3 mètres ☐
- c. 7 mn à 3 mètres ☐
- d. 12 mn à 3 mètres ☐

**33** Plongée de 25 minutes à 19 mètres. Puis 5 minutes après, plongée de 16 minutes à 21 mètres. Paliers de la 2e plongée ?

- a. aucun palier ☐
- b. 7 mn à 3 mètres ☐
- c. 12 mn à 3 mètres ☐
- d. 16 mn à 3 mètres ☐

**34** * Plongée de 20 minutes à 20 mètres. Puis 2 heures après, plongée de 20 minutes à 22 mètres. Paliers de la 2e plongée ?

- a. aucun palier ☐
- b. 2 mn à 3 mètres ☐
- c. 7 mn à 3 mètres ☐
- d. 12 mn à 3 mètres ☐

**35** Plongée de 25 minutes à 21 mètres. Puis 50 minutes après, plongée de 3 minutes à 34 mètres. Paliers de la 2e plongée ?

- a. aucun palier ☐
- b. 2 mn à 3 mètres ☐
- c. 5 mn à 3 mètres ☐
- d. 11 mn à 3 mètres ☐

(★ questions éliminatoires)

## QCM F

★ **36** Plongée de 19 minutes à 23 mètres. Puis 2 h 15 après, plongée de 15 minutes à 27 mètres. Paliers de la 2e plongée ?

- a. aucun palier ☐
- b. 1 mn à 3 mètres ☐
- c. 2 mn à 3 mètres ☐
- d. 5 mn à 3 mètres ☐

**37** Plongée de 20 minutes à 18 mètres. Puis 1 h 35 après, plongée de 32 minutes à 21 mètres. Paliers de la 2e plongée ?

- a. aucun palier ☐
- b. 2 mn à 3 mètres ☐
- c. 7 mn à 3 mètres ☐
- d. 12 mn à 3 mètres ☐

★ **38** Plongée de 25 minutes à 21 mètres. Puis remontée en surface en 1 minute. Paliers ?

- a. 5 mn à 11 mètres ☐
- b. 5 mn à 3 mètres ☐
- c. 5 mn à 12 mètres et 10 minutes à 3 mètres ☐
- d. 5 mn à 12 mètres et 16 minutes à 3 mètres ☐

**39** Plongée de 30 minutes à 24 mètres. Puis remontée en surface en 1 minute. Paliers ?

- a. 5 mn à 12 mètres ☐
- b. 5 mn à 3 mètres ☐
- c. 5 mn à 12 mètres et 10 minutes à 3 mètres ☐
- d. 5 mn à 12 mètres et 16 minutes à 3 mètres ☐

★ **40** Un plongeur abandonne son palier, suite à une panne d'air, il doit :

- a. redescendre dans les 3 minutes et le refaire complètement ☐
- b. redescendre dans les 3 minutes et le terminer ☐
- c. redescendre à mi-profondeur ☐
- d. redescendre et doubler le temps de palier ☐

Solutions page 52

## QCM G : ACCIDENTS DE PLONGÉE

(* questions éliminatoires)

*
**41** Quelles sont les mesures préventives afin de limiter les risques de perte de connaissance en apnée ?

- a. hyperventiler sans dépasser un début de malaise ☐
- b. ne pas être surlesté ☐
- c. ne jamais faire d'apnée seul ☐
- d. effectuer une bonne récupération entre chaque apnée ☐

*
**42** Précisez les accidents qui ont lieu lors de la descente :

- a. la surpression pulmonaire ☐
- b. le placage de masque ☐
- c. l'accident des sinus ☐
- d. l'accident des oreilles ☐

*
**43** Précisez les accidents qui ont lieu lors de la remontée :

- a. la surpression pulmonaire ☐
- b. le placage de masque ☐
- c. l'accident des sinus ☐
- d. l'accident des oreilles ☐

*
**44** En cas de problème d'oreille à la remontée :

- a. vous redescendez de quelques mètres et remontez lentement ☐
- b. vous attendez que ça passe ☐
- c. vous remontez en soufflant de l'air dans le masque ☐
- d. vous effectuez une manœuvre de Valsalva à la remontée ☐

*
**45** Pour prévenir le placage de masque :

- a. vous effectuez une manœuvre de Valsalva ☐
- b. vous soufflez de l'air dans le masque régulièrement ☐
- c. vous descendez rapidement ☐
- d. vous insistez sur l'expiration à la remontée ☐

(* questions éliminatoires)

## ACCIDENTS DE PLONGÉE : QCM G

**46** * Pour prévenir la surpression pulmonaire :

a. vous respirez normalement lors de la remontée ☐
b. vous faites régulièrement une manœuvre de Valsalva ☐
c. vous remontez lentement ☐
d. vous respectez les paliers des tables ☐

---

**47** A la descente :

a. il y a un déséquilibre des pressions de part et d'autre du tympan ☐
b. le tympan se déforme vers l'intérieur ☐
c. le tympan se déforme vers l'extérieur ☐
d. la pression derrière le tympan est inférieure à la pression externe ☐

---

**48** Précisez les manœuvres d'équilibration des oreilles à la descente :

a. Valsalva ☐
b. Toynbee ☐
c. Frenzel ☐
d. Béance Tubulaire Volontaire ☐

---

**49** Le placage de masque est dû :

a. à une dépression au sein du masque ☐
b. à la variation de pression ☐
c. à l'augmentation de pression au sein du masque ☐
d. à un effet de ventouse ☐

---

**50** Les sinus sont :

a. des cavités osseuses remplies d'air ☐
b. de fins canaux qui relient les fosses nasales ☐
c. des organes ☐
d. situés au niveau de la tête ☐

Solutions page 53

# QCM H

(★ questions éliminatoires)

*
**51** En cas d'accident des sinus, le plongeur :

- a. ressent une douleur localisée au niveau du front ou sous les yeux ☐
- b. a parfois un saignement de nez ☐
- c. se sent fatigué ☐
- d. a des problèmes d'audition ☐

*
**52** En cas de problème d'oreille ou des sinus :

- a. vous demandez un remède à votre moniteur ☐
- b. vous arrêtez de plonger temporairement ☐
- c. vous continuez à plonger si vous n'avez pas de problème d'audition ☐
- d. vous allez consulter un médecin ORL ☐

*
**53** Quels symptômes peut-on rencontrer en cas d'accident d'oreille ?

- a. douleur au niveau de l'oreille ☐
- b. vertiges ☐
- c. saignement d'oreille ☐
- d. problème d'audition ☐

**54** Pour éviter une surpression stomacale ou intestinale, vous devez :

- a. éviter de boire des boissons gazeuses ☐
- b. éviter de manger des féculents ☐
- c. déglutir régulièrement lors de la descente ☐
- d. ne pas manger avant la plongée ☐

*
**55** La surpression pulmonaire :

- a. est due à un blocage expiratoire à la remontée ☐
- b. est due à une mauvaise élimination de l'azote à la remontée ☐
- c. apparaît parfois après un délai important ☐
- d. apparaît dans l'eau ou à la sortie de l'eau ☐

(* questions éliminatoires)

# QCM H

* **56** Quels sont les symptômes de la surpression pulmonaire ?

- a. une douleur thoracique ☐
- b. les yeux injectés de sang ☐
- c. une difficulté à respirer ☐
- d. une toux, de la bave ou des crachats sanglants ☐

* **57** En cas de surpression pulmonaire, vous devez :

- a. réimmerger la victime le plus rapidement possible ☐
- b. faire évacuer la victime par des secours médicalisés ☐
- c. évacuer la victime rapidement en véhicule ☐
- d. faire inhaler de l'oxygène pur à la victime ☐

**58** Quels accidents, un taux excessif de $CO_2$ favorise-t-il ?

- a. la narcose ☐
- b. la surpression pulmonaire ☐
- c. l'accident de décompression ☐
- d. le placage de masque ☐

**59** Quel est le gaz responsable de l'essoufflement en plongée ?

- a. l'oxygène ☐
- b. l'azote ☐
- c. le dioxyde de carbone ☐
- d. l'hydrogène sulfuré ☐

* **60** Quelles sont les préventions de l'essoufflement ?

- a. insister sur l'expiration à la descente ☐
- b. avoir une bonne protection thermique ☐
- c. ne pas attendre de passer sur réserve ☐
- d. avoir un palmage lent adapté à la profondeur ☐

Solutions page 53

# QCM I

(★ questions éliminatoires)

★ **61** La conduite à tenir face à un plongeur essoufflé est de :

- a. le calmer et de poursuivre la plongée ☐
- b. le descendre de quelques mètres ☐
- c. le saisir, de le calmer, de le remonter d'une dizaine de mètres ☐
- d. de le calmer et de passer sa réserve ☐

★ **62** La prévention de la noyade en plongée est :

- a. d'emporter toujours son tuba en plongée scaphandre ☐
- b. de ne pas pénétrer dans les épaves ☐
- c. de plonger en bonne condition physique et psychique ☐
- d. d'être toujours équipé d'un gilet ou d'une bouée de remontée ☐

★ **63** Pour prévenir l'accident de décompression, il faut :

- a. ne pas prendre l'avion avant une plongée ☐
- b. ne pas faire d'effort violent après la plongée ☐
- c. ne pas plonger après un trajet important ☐
- d. respecter la vitesse de remontée préconisée par les tables de plongée ☐

★ **64** Quels sont les symptômes possibles de l'accident de décompression ?

- a. des démangeaisons ☐
- b. une fatigue intense ☐
- c. une douleur thoracique ☐
- d. des vertiges, nausées après une plongée ☐

★ **65** Quelle est la conduite à tenir face à un accident de décompression ?

- a. évacuer rapidement la victime en voiture vers un caisson ☐
- b. faire inhaler de l'oxygène pur à la victime ☐
- c. faire prendre à la victime si elle est inconsciente de l'eau et de l'aspirine ☐
- d. réimmerger rapidement la victime à demi-profondeur ☐

# QCM I

(* questions éliminatoires)

*
**66** Précisez les facteurs favorisant de l'accident de décompression :

- a. la prise d'un repas avant de plonger ☐
- b. l'obésité ☐
- c. le tabac, l'alcool ☐
- d. la fatigue ☐

*
**67** En cas de surpression pulmonaire, vous devez :

- a. réimmerger la victime le plus rapidement possible ☐
- b. faire évacuer la victime par des secours médicalisés ☐
- c. évacuer la victime rapidement en véhicule ☐
- d. faire inhaler de l'oxygène pur à la victime ☐

*
**68** Précisez les préventions de l'accident de décompression :

- a. ne jamais faire de valsalva à la remontée ☐
- b. ne pas faire plus de deux plongées par 24 heures ☐
- c. remonter en expirant régulièrement ☐
- d. ne jamais changer de table de plongée entre deux plongées ☐

*
**69** Précisez les symptômes possibles de la narcose :

- a. euphorie ☐
- b. baisse de l'attention ☐
- c. vertiges ☐
- d. sévère délai de réponse ☐

*
**70** Pour prévenir la narcose, il faut :

- a. éviter certains médicaments qui endorment ☐
- b. plonger en bonne condition physique et psychique ☐
- c. s'entraîner progressivement à la profondeur ☐
- d. limiter ses plongées, dans le cadre de la plongée loisir à 40 mètres ☐

Solutions page 53

# QCM J : MATÉRIEL DE PLONGÉE

(★ questions éliminatoires)

**71** Précisez les inscriptions qui figurent sur une bouteille de plongée :

- a. le volume interne en litre ☐
- b. la pression d'épreuve ☐
- c. le poinçon du service des Mines ☐
- d. le numéro attribué par le service des Mines ☐

★ **72** Le manomètre indique :

- a. une pression relative ☐
- b. une pression absolue ☐
- c. la pression atmosphérique ☐
- d. la pression régnant dans la bouteille ☐

★ **73** L'air se détend car :

- a. le volume disponible augmente ☐
- b. le volume disponible diminue ☐
- c. la température augmente ☐
- d. la pression se répartie uniformément ☐

**74** Le 1er étage d'un détendeur à 2 étages :

- a. détend l'air HP venant de la bouteille ☐
- b. détend l'air à une valeur de 7 à 13 bars ☐
- c. transforme l'air HP en moyenne pression ☐
- d. comporte un ressort MP taré de 7 à 13 bars ☐

★ **75** La réserve est constituée :

- a. d'un ressort taré, d'un clapet et d'un siège ☐
- b. d'un robinet et d'un clapet ☐
- c. d'un clapet taré et d'un siège ☐
- d. d'une tige et d'un volant ☐

Solutions page 53

(* questions éliminatoires)

## RÉGLEMENTATION : QCM K

*
**76** Dans le cas général, une bouteille de plongée en acier doit être rééprouvée :

- a. tous les ans ☐
- b. tous les 2 ans ☐
- c. tous les 5 ans ☐
- d. tous les 10 ans ☐

*
**77** Quelles sont les prérogatives d'un plongeur de niveau 2 ?

- a. assisté dans l'espace médian ☐
- b. assisté dans l'espace lointain ☐
- c. autonome sous certaines conditions dans l'espace médian ☐
- d. autonome sous certaines conditions dans l'espace lointain ☐

**78** Quel est le rôle de la licence ?

- a. assurance ☐
- b. preuve de votre adhésion à une association affiliée ☐
- c. permis de pêche sous-marine à partir de 16 ans ☐
- d. permis de plongée ☐

**79** L'assurance Responsabilité Civile au tiers couvre :

- a. les conséquences financières des dommages causés à autrui ☐
- b. les conséquences financières de l'ensemble des dommages causés ☐
- c. les infractions à la loi ☐
- d. le vol de matériel ☐

**80** En France, en plongée autonome, il est interdit :

- a. de remonter tout organisme vivant ☐
- b. de pratiquer la pêche sous-marine ☐
- c. de remonter des crustacés ☐
- d. de remonter des oursins ☐

Solutions page 53

# carte individuelle de plongée

RECTO

| CONTACTS | |
|---|---|
| Personne à prévenir en cas d'accident :<br>*person to contact in case of accident* | Tél.<br>*phone* |
| Médecin traitant :<br>*your usual doctor* | Tél.<br>*phone* |
| Médecin visite médicale :<br>*medical exam doctor* | Tél.<br>*phone* |
| Structure ou club :<br>*club or center* | |
| Responsable :<br>*diving club manager* | Tél.<br>*phone* |

Auteur : Denis Jeant © Editions du Plaisancier 1994

**CARTE INDIVIDUELLE D'IDENTIFICATION EN CAS D'ACCIDENT DE PLONGÉE**

*personnal identification card*

photo

NOM / *name* :

Prénom / *first name* :

Date de naissance :
*date of birth*

Niveau en plongée :
*diving level*

Adresse / *address* :

Sexe / *gender* :

Tél. / *phone* :

Fait le ..................

VERSO

**INFORMATIONS MÉDICALES SOUMISES AU SECRET MÉDICAL**

Auteur : Denis Jeant © Editions du Plaisancier 1994

CONFIDENTIEL

| | |
|---|---|
| Groupe sanguin :<br>*blood type* | |
| Poids (kg) :<br>*weight* | Taille (cm) :<br>*height* |
| Pouls (/mn au repos) :<br>*pulse frequency (at rest)* | TA (au repos) :<br>*blood pressure (at rest)* |
| Indice de Ruffier Dickson :<br>*Ruffier Dickson index* | |
| Allergies connues :<br>*known allergies* | |
| Date de la visite médicale :<br>*date of medical exam* | |

Vaccinations* :
*vaccinations*

Interventions chirurgicales* :
*surgeries*

Problèmes médicaux* :
*medical background*

Antécédents en plongée* :
*diving accident background*

*Préciser l'année

## MODE D'EMPLOI

Cette carte intéresse tous les pratiquants, du débutant au moniteur de plongée.

### Utilisation pratique de la carte

- Suite à votre visite médicale, remplissez-la soigneusement, puis collez les films protecteurs sur la face recto.
- Conservez-la sur vous dans un étui étanche aux embruns sur le lieu de pratique.
- Vous pourrez aussi donner cette carte au Directeur de Plongée qui pourra conserver l'ensemble des cartes des pratiquants durant la durée de l'activité (stage, séjour...).

Dans ce cas, il est tenu au secret médical, ces cartes comportant des informations médicales confidentielles.

### Si vous avez un accident de plongée

- Votre carte sera donnée aux secours médicalisés lors de votre évacuation.
- Les informations que contient cette carte faciliteront le diagnostic médical et les procédures à mettre en place à la suite de l'accident.

### Où se procurer la carte individuelle PLASTIFIÉE ?

- Chez votre revendeur de matériel de plongée habituel
- Aux Éditions du Plaisancier - Porte du Grand Lyon - NEYRON - 01707 MIRIBEL CEDEX
  Tél. 04 72 01 58 68 - Fax 04 72 01 58 69

# RÉPONSES AUX QCM DE NIVEAU 2

# RÉPONSES QCM

* questions éliminatoires

Cochez les bonnes réponses. Toute réponse incomplète est considérée comme fausse.

**QCM D** pages 36 et 37

| Question | Réponse |
|---|---|
| 1 | a |
| 2 | a |
| 3 | b, c et d |
| 4 | c |
| 5 | a et d |
| 6 | a et c |
| 7 | b et d |
| 8 | a et b |
| 9 | c |
| 10 | b |
| 11 | c |
| 12 | a, c et d |
| 13 | b, c et d |
| 14 | d |
| 15* | b |
| Nombre de réponses justes | / 15 |

**QCM E** pages 38 et 39

| Question | Réponse |
|---|---|
| 16* | b |
| 17* | a |
| 18* | b et c |
| 19* | a, b et d |
| 20* | a et b |
| 21* | b |
| 22* | c |
| 23* | d |
| 24* | c |
| 25* | d |
| 26* | b |
| 27* | a, b et c |
| 28 | d |
| 29 | c |
| 30 | b |
| Nombre de réponses justes | / 15 |

**QCM F** pages 40 et 41

| Question | Réponse |
|---|---|
| 31* | c |
| 32 | d |
| 33 | b |
| 34* | a |
| 35 | c |
| 36* | c |
| 37 | c |
| 38* | a |
| 39 | c |
| 40* | a |
| Nombre de réponses justes | / 10 |

**QCM G** pages 42 et 43

| Question | Réponse |
|---|---|
| 41* | b, c et d |
| 42* | b, c et d |
| 43* | a, c et d |
| 44* | a |
| 45* | b |
| 46* | a |
| 47 | a, b et d |
| 48 | a, c et d |
| 49 | a, b et d |
| 50 | a et d |
| Nombre de réponses justes | / 10 |

**QCM H** pages 44 et 45

| Question | Réponse |
|---|---|
| 51* | a et b |
| 52* | b et d |
| 53* | a, b, c et d |
| 54 | a, b et c |
| 55* | a et d |
| 56* | a, c et d |
| 57* | b et d |
| 58 | a et c |
| 59 | c |
| 60* | b, c et d |
| Nombre de réponses justes | / 10 |

**QCM I** pages 46 et 47

| Question | Réponse |
|---|---|
| 61* | c |
| 62* | a, b, c et d |
| 63* | b, c et d |
| 64 | a, b et d |
| 65* | b |
| 66* | b, c et d |
| 67* | b et d |
| 68* | a, b et d |
| 69* | a, b, c et d |
| 70* | a, b, c et d |
| Nombre de réponses justes | / 10 |

**QCM J** page 48

| Question | Réponse |
|---|---|
| 71 | a, b et c |
| 72* | a et d |
| 73* | a |
| 74 | a, c et d |
| 75* | a et d |
| Nombre de réponses justes | / 10 |

**QCM K** page 49

| Question | Réponse |
|---|---|
| 76* | b |
| 77* | b et c |
| 78 | a, b et c |
| 79 | a |
| 80 | a, b, c et d |
| Nombre de réponses justes | / 10 |

# TESTS DE NIVEAU 2

# TEST L

**SUR 14 POINTS**

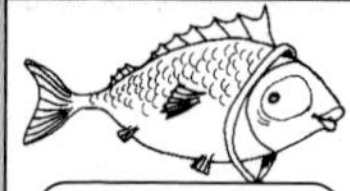

20 minutes

Vous réaliserez cette **première partie**, sous forme graphique, dans le temps imparti.

**1** — **2 points**

Karine et Renaud plongent à 10 h 00 à 19 mètres pendant 41 minutes sur un sec, au large de Marseille. Paliers ?

**2** — **4 points**

Paul et Jeanne sortent de l'eau à 12 h 00 à la suite d'une plongée, avec une lettre du groupe : G. Ils replongent l'après-midi à 15 h 30 à une profondeur de 21 mètres pendant 32 minutes. Paliers ? Heure de sortie ?

**3** — **4 points**

Pascal et Matthieu s'immergent à 14 h 00, 12 minutes après avoir effectué une première plongée de 20 minutes à 25 mètres.
Lors de cette deuxième plongée, ils restent 10 minutes à 23 mètres afin de retrouver la lampe de Matthieu. Heure de départ de la 1re plongée ? Paliers de la 1re plongée ? Paliers de la 2e plongée ? Heure de sortie de la 2e plongée ?

**4** — **4 points**

Laurence plonge à 16 h 00. Après avoir effectué 10 minutes de plongée à 22 mètres, elle remonte en surface en 1 minute à la suite d'une erreur de manipulation de son gilet. Quelle procédure doit-elle suivre ? Paliers ? Heure de sortie ?

Solutions pages 68 et 69

70 minutes

SUR 26 POINTS

# TEST L

Vous réaliserez cette **deuxième partie** dans le temps imparti.

5

**4 points**

Vous plongez équipé d'une bouteille de 12 litres de volume interne et gonflée à 180 bars. Elle est munie d'un ressort de réserve taré à 50 bars. Sachant que votre consommation minute en surface est de 18 litres, quelle sera votre autonomie à 22 mètres ?

6

**2 points**

Vous découvrez une ancre d'une masse de 200 kg et d'un volume de 20 $dm^3$ sur un fond de 30 mètres. Vous désirez la remonter à l'aide d'un parachute d'une capacité de 200 litres.

- Quel est le poids apparent de l'ancre ?
- Quel volume d'air minimum devrez-vous insuffler dans le parachute, à cette profondeur pour faire décoller l'ancre ?

On négligera le poids et la flottabilité du parachute. On considérera que la densité de l'eau est égale à 1.

7

**6 points**

Précisez de façon succincte les symptômes, la conduite à tenir et la prévention de l'accident de décompression.

8

**4 points**

Citez les différents accidents barotraumatiques qui peuvent survenir à la descente et leurs préventions.

9

**4 points**

Quelles sont les causes de l'essoufflement en plongée et les conduites à tenir en plongée ?

10

**3 points**

Expliquez succinctement le principe de la détente de l'air et précisez les différentes étapes de détente d'un détendeur à deux étages.

11

**2 points**

Quelles sont les prérogatives d'un plongeur de niveau 2 ?

12

**1 point**

Quelle est la réglementation relative à la réépreuve des bouteilles de plongée en acier lorsque vous faites partie d'une structure affiliée à un des organismes membre du Comité Consultatif de l'enseignement sportif de la plongée subaquatique.

Solutions pages 70, 71 et 72

N2.

# TEST M

## SUR 14 POINTS

20 minutes

Vous réaliserez cette **première partie**, sous forme graphique, dans le temps imparti.

**2 points**

Vous effectuez à 8 h 00 votre première plongée à 40 mètres, sur l'épave de l'Astrée avec votre moniteur. Vous restez à cette profondeur pendant 9 minutes. Paliers ? Heure de sortie ?

**4 points**

Un plongeur effectue une remontée contrôlée à l'aide du gilet de remontée dans le cadre de sa préparation au niveau 2.
A 10 h 10, après avoir séjourné 10 minutes à 21 mètres, il remonte en surface en 1 minute. Il atteint son premier palier à 10 h 13. Paliers ? Heure de sortie ?

**4 points**

- Le matin, vous vous immergez à 10 h 00 pour explorer une épave située sur un fond de 29 mètres. A 10 h 25, vous amorcez votre remontée. Paliers ? Heure de sortie ?
- L'après-midi, vous décidez de replonger à 14 h 00 sur un fond rocheux situé à 20 mètres.

Quel devra être votre temps maximum de plongée pour plonger dans la courbe de sécurité ?

**4 points**

- Vous effectuez votre première plongée de la journée à 14 h 00, à 20 mètres pendant 32 minutes, en compagnie d'Anne sur le sec de l'Abeille. Paliers ? Heure de sortie ?
- 10 minutes après être sorti de l'eau, vous redescendez en sa compagnie dans le but de décrocher l'ancre enraguée. Combien de temps pouvez-vous rester à 20 mètres en sachant que vous souhaitez limiter la durée totale de vos paliers à 5 minutes. A quelle heure sortez-vous de l'eau ?

Solutions page 73 et 74

70 minutes

## SUR 26 POINTS — TEST M

Vous réaliserez cette **deuxième partie** dans le temps imparti.

### 5 — 4 points

Vous plongez équipé d'une bouteille de 15 litres de volume interne et gonflée à 200 bars. Elle est munie d'un ressort de réserve taré à 30 bars.
Sachant que votre consommation minute en surface est de 20 litres, quelle sera votre autonomie à 30 mètres ?

### 6 — 2 points

Vous découvrez un coffre d'un volume de 50 litres et d'une masse de 100 kg.
- Quel est son poids apparent ?
- Sachant qu'il repose sur un fond de 25 mètres, quel volume d'air devrez-vous mettre dans un parachute pour que l'ensemble soit en flottabilité nulle ? On négligera le poids et la flottabilité du parachute. On considérera que la densité de l'eau est égale à 1.

### 7 — 6 points

Précisez de façon succincte les symptômes, la conduite à tenir et la prévention de la surpression pulmonaire.

### 8 — 4 points

En remontant sur le bateau, Hélène se plaint d'une fatigue soudaine et a des fourmillements dans les jambes.
- Quel accident suspectez-vous ?
- Quelle est votre conduite à tenir ?

### 9 — 4 points

Quelle est la conduite à tenir et la prévention face à la noyade en plongée ?

### 10 — 3 points

Annotez un schéma de principe d'une réserve et précisez succinctement son principe de fonctionnement.

### 11 — 2 points

Quelles sont les prérogatives d'un plongeur de niveau 2 ?

### 12 — 1 point

Quel est le rôle de la licence ?

Solutions pages 75, 76 et 77

# TEST N

**SUR 14 POINTS**

20 minutes

Vous réaliserez cette **première partie**, sous forme graphique, dans le temps imparti.

**2 points**

Virginie et Roland plongent à 8 h 00 à 22 mètres le long d'un tombant. Après 37 minutes de plongée, ils remontent le long du tombant jusqu'à la profondeur de 20 mètres, en 2 minutes. Ensuite, ils remontent à la vitesse préconisée par les tables. Paliers ?

**4 points**

Paul a effectué une première plongée le matin et est sorti de l'eau à 10 h 00 avec une lettre de groupe de successive : G.
Vous avez aussi effectué une première plongée mais vous êtes sorti de l'eau à 12 h 00 avec une lettre de groupe de successive : E.
Vous plongez l'après-midi à 14 h 00 en compagnie de Paul sur un fond de 20 mètres pendant 23 minutes. Paliers ? Heure de sortie ?

**4 points**

Jacques s'immerge à 15 h 00 sur un fond de 23 mètres durant 14 minutes. A 15 h 26, il replonge sur un fond de 20 mètres. Il sort de l'eau à 15 h 34. Quels sont le temps de la 2e plongée et les paliers éventuels ?

**4 points**

Georges plonge à 8 h 00 à 25 mètres, au bout de 30 minutes de plongée, il gonfle par erreur son gilet et remonte en 1 minute en surface.
A 8 h 33, il a rejoint son premier palier.
Paliers ? Heure de sortie ?

Solutions pages 78 et 79

70 minutes

**SUR 26 POINTS**

# TEST N

Vous réaliserez cette **deuxième partie** dans le temps imparti.

### 5 — 2 points

Quel est le poids apparent d'un lingot composé d'or d'un volume de 1 litre et d'une masse de 19 kg et d'argent d'un volume de 2 dm$^3$ et d'une masse de 21 kg ? On considérera que la densité de l'eau est égale à 1.

### 6 — 4 points

André plonge équipé d'une bouteille de 12 litres de volume interne et gonflée à 200 bars. Elle est munie d'un manomètre sous-marin. Il compte se ménager une réserve de 50 bars et consomme 20 litres/mn en surface. Il envisage de gonfler un parachute d'une capacité de 20 litres, à 20 mètres, à l'aide de sa bouteille en y insufflant 10 litres d'air. Quelle sera son autonomie à 20 mètres en tenant compte du gonflage du parachute ?

- Il remonte le parachute gonflé de 20 mètres à la surface, à partir de quelle profondeur de l'air s'échappera du parachute ? On négligera les variations possibles de température.

### 7 — 6 points

A la suite d'une plongée technique, un plongeur est remonté inconscient sur le bateau, il bave du sang.

- Quel accident suspectez-vous ?
- Quels sont les autres symptômes possibles et la prévention ?

### 8 — 4 points

L'essoufflement en plongée : prévention et conduite à tenir face à un plongeur essoufflé ?

### 9 — 4 points

Précisez les facteurs favorisant l'accident de décompression et la conduite à tenir face à cet accident.

### 10 — 3 points

Précisez la réglementation relative à la réépreuve des bouteilles de plongée en acier.

### 11 — 2 points

Quelles sont les prérogatives d'un plongeur de niveau 2 ?

### 12 — 1 point

Précisez la réglementation relative à la protection de la faune et de la flore.

Solutions pages 80, 81 et 82

# TEST O

**SUR 14 POINTS**

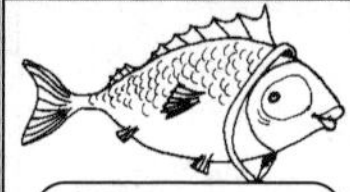

20 minutes

Vous réaliserez cette **première partie**, sous forme graphique, dans le temps imparti.

**2 points**

Audrey et Gilles plongent à 8 h 00 à 23 mètres pendant 29 minutes. Après 1 minute de palier à 3 mètres, Gilles fait surface suite à une panne d'air. Il lui faut 2 minutes pour changer de bloc et se réimmerger. Précisez la procédure à suivre, les paliers à effectuer et l'heure de sortie.

**4 points**

Un plongeur sort de l'eau à 12 h 00 après une plongée de 21 minutes à 27 mètres. S'il replonge l'après-midi sur un fond de 25 mètres, à quelle heure au plus tôt pourra-t-il se mettre à l'eau, s'il veut effectuer une plongée de 20 minutes, sans avoir à réaliser plus de 5 minutes de palier ?

**4 points**

Luc et Chantal plongent à 14 h 00 à 18 mètres pendant 40 minutes. Paliers ? Heure de sortie ?
Ils s'immergent une deuxième fois, 5 minutes après leur sortie de l'eau, afin de retrouver le poignard que Luc a perdu en remontant sur le bateau. Ils effectuent leur recherche pendant 15 minutes sur un fond de 15 mètres. Paliers ? Heure de sortie ?

**4 points**

Un plongeur s'immerge à 8 h 00 à une profondeur de 32 mètres. Après 10 minutes de plongée, il remonte sans contrôler sa vitesse et perce la surface à 8 h 11. Il met 3 minutes pour rejoindre son premier palier. Paliers ? Heure de sortie ?

Solutions pages 83, 84 et 85

70 minutes

SUR 26 POINTS

# TEST O

Vous réaliserez cette **deuxième partie** dans le temps imparti.

## 5

**4 points**

Vous vous immergez à une profondeur de 25 mètres en compagnie d'Hélèna. Vous êtes équipé d'un bloc de 18 litres gonflé à 180 bars et muni d'un manomètre. Elle est équipée d'un bloc de 15 litres gonflé à 200 bars et muni d'un manomètre. Votre consommation en surface est de 20 litres/mn et vous désirez vous ménager une réserve de 50 bars. Quelle sera votre autonomie à cette profondeur ?

## 6

**2 points**

A 30 mètres, vous trouvez une ancre d'une masse de 30 kg et d'un volume de 3 $dm^3$. Vous désirez la remonter à l'aide d'un parachute dans lequel vous introduisez 25 litres d'air. Vous êtes obligé de palmer pour remonter l'ensemble. A partir de quelle profondeur, vous pourrez arrêter de palmer ?
On négligera le poids et la flottabilité du parachute. On considérera que la densité de l'eau est égale à 1.

## 7

**6 points**

L'accident de décompression : précisez la prévention, les facteurs favorisants, la conduite à tenir.

## 8

**4 points**

Quels sont les signes et les risques d'un essoufflement ?

## 9

**4 points**

Précisez les accidents barotraumatiques possibles lors d'une séance bouteille en piscine (fond maximum 3,80 mètres) et leurs préventions ?

## 10

**3 points**

Expliquez pourquoi la respiration devient de plus en plus difficile juste avant de passer sur réserve ?

## 11

**2 points**

Quelles sont les prérogatives d'un plongeur de niveau 2 ?

## 12

**1 point**

Vous désirez pratiquer la pêche sous-marine, quelles conditions devez-vous remplir ?

Solutions pages 86, 87 et 88

# TEST P

**SUR 14 POINTS**

20 minutes

Vous réaliserez cette **première partie**, sous forme graphique, dans le temps imparti.

## 1

**2 points**

Sarah et Bernard s'immergent à 17 h 30 sur un fond rocheux de 23 mètres. A 18 h 00, ils amorcent leur remontée. Paliers ? Heure de sortie ?

## 2

**4 points**

Vous vous immergez à 10 h 00 sur un fond de 21 mètres pendant 30 minutes. Paliers ? Heure de sortie ?
Vous souhaitez réaliser une deuxième plongée de 30 minutes à cette même profondeur.
A quelle heure, au plus tôt, devrez-vous vous mettre à l'eau afin de limiter la durée totale de votre remontée à 4 minutes ?
Paliers ? Heure de sortie ?

## 3

**4 points**

Votre moniteur s'immerge à 15 h 45 avec un premier élève sur un fond de 33 mètres pendant 10 minutes. Paliers ? Heure de sortie ?
Il redescend avec vous 7 minutes après sa sortie de l'eau. C'est votre première plongée de la journée. Vous restez 8 minutes à une profondeur de 20 mètres. Paliers ? Heure de sortie ?

## 4

**4 points**

A 15 h 00, deux plongeurs s'immergent sur un fond de 21 mètres. Après 25 minutes de plongée, l'un d'eux panique et remonte jusqu'en surface, sans contrôler sa vitesse. Après s'être rejoints en surface, les deux plongeurs arrivent ensemble à leur premier palier à 15 h 29. Paliers ? Heure de sortie ?

Solutions pages 89, 90 et 91

70 minutes

SUR 26 POINTS

# TEST P

Vous réaliserez cette **deuxième partie** dans le temps imparti.

5

### 4 points

Vous disposez d'un bloc de 10 litres gonflé à 200 bars et équipé d'une réserve tarée à 30 bars et d'un bloc de 12 litres gonflé à 180 bars et équipé également d'une réserve mais tarée à 50 bars.
Vous désirez plonger à 22 mètres et votre consommation en surface est de 20 litres/mn.
Quel bloc choisirez-vous afin d'avoir la plus grande autonomie à 22 mètres ? Justifiez votre réponse.

6

### 2 points

Un plongeur équipé déplace un volume d'eau égal à 80 $dm^3$, sa masse est de 76 kg. Quel est son poids apparent et que doit-il faire pour être correctement lesté ?
On négligera les variations de volume en fonction de la profondeur.
On considérera que la densité de l'eau est égale à 1.

7

### 6 points

Suite à une remontée rapide réalisée lors d'une remontée à l'aide du gilet mal maîtrisée, Paul est hissé sur le bateau, inconscient. Quel type d'accident suspectez-vous ? Quels sont les différents symptômes et votre conduite à tenir ?

8

### 4 points

La surpression pulmonaire : cause et symptômes ?

9

### 4 points

Précisez les causes et la conduite à tenir face à un plongeur essoufflé.

10

### 3 points

Annotez un schéma de principe d'un détendeur de base et précisez les étapes de détente d'un détendeur à deux étages.

11

### 2 points

Quelles sont les prérogatives d'un plongeur de niveau 2 ?

12

### 1 point

Vous êtes licencié à un club et propriétaire d'un bloc en acier de 12 litres. Votre bouteille est inscrite sur le registre du club.
Quelle est la réglementation relative à la réépreuve qui s'applique à votre cas ?

Solutions pages 92 et 93

# RÉPONSES AUX TESTS DE NIVEAU 2

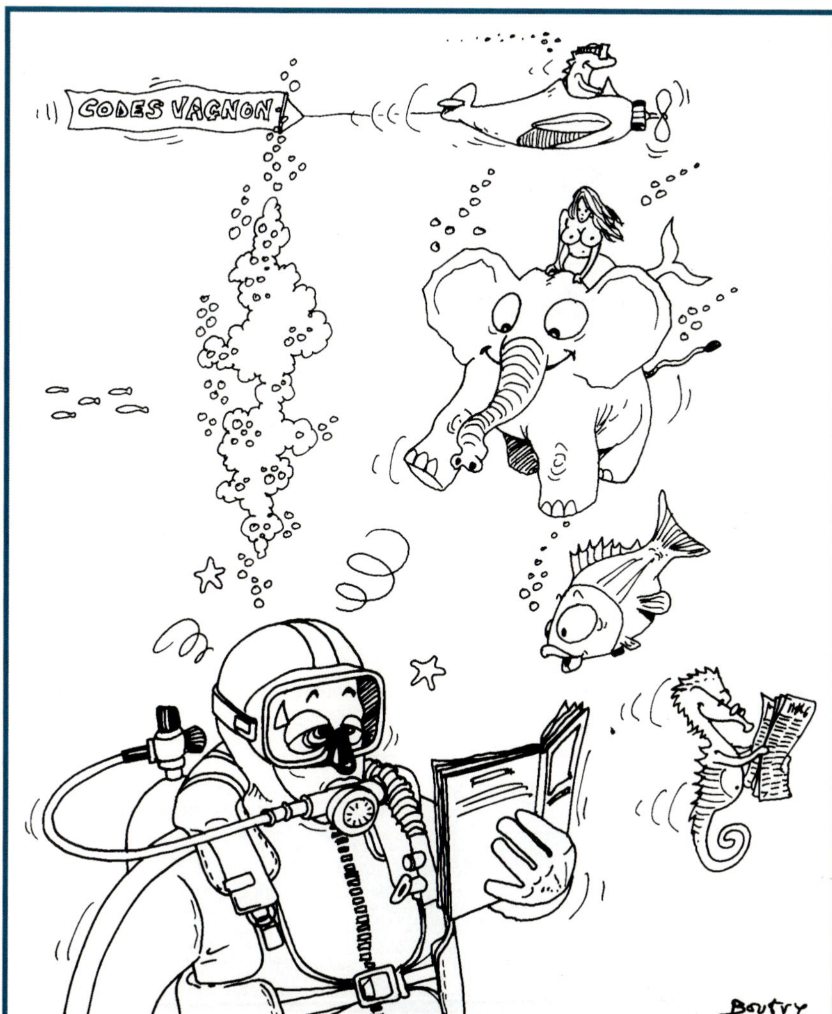

# RÉPONSES TESTS L (première partie, page 56)

## SUR 14 POINTS

### QUESTION 1 : /2 points

Il s'agit d'une plongée simple :
- palier : 1 minute à 3 mètres
- durée de la remontée du fond au palier de 3 mètres : (19 – 3) ÷ 15 = 1,07 minute
- durée totale de la remontée :
  1,07 + 1 + 0,5 = 2,57 minutes
- durée totale de l'immersion :
  41 + 2,57 = 43,57 minutes
- H.S. : 10 h 44

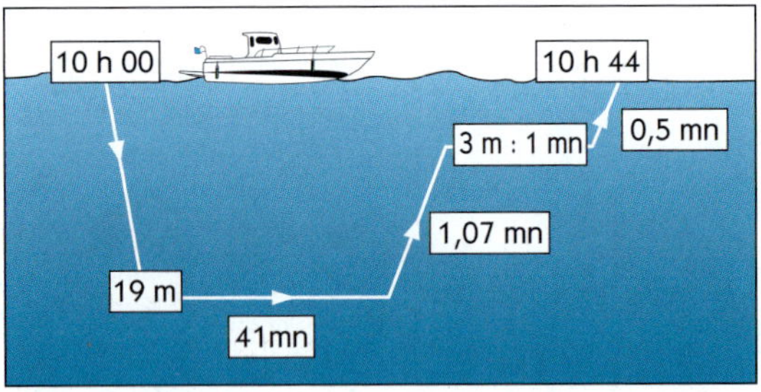


### QUESTION 2 : /4 points

Il s'agit d'une plongée successive (12 heures ≥I ≥15 minutes) :
- I : 3 h 30
- AR : 0,91
- majoration : 12 minutes
- temps fictif : 44 minutes
- palier : 7 minutes à 3 mètres
- durée de la remontée du fond au palier de 3 mètres : (21 – 3) ÷ 15 = 1,2 minute
- durée totale de la remontée : 1,2 + 7 + 0,5 = 8,7 minutes
- durée totale de l'immersion : 32 + 8,7 = 40,7 minutes
- H.S. : 16 h 11

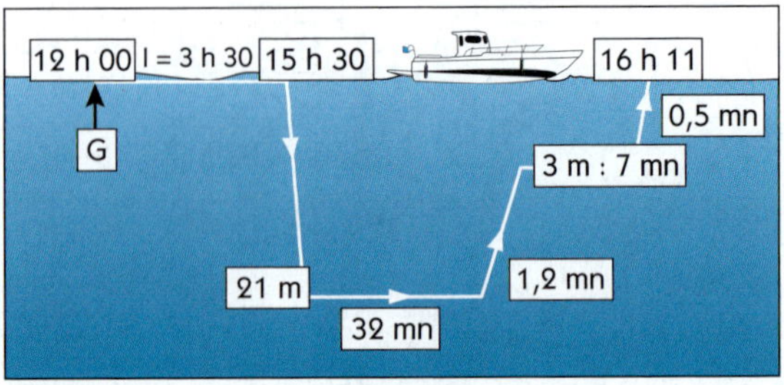

**QUESTION 3 :** /4 points

Il s'agit d'une plongée simple suivie d'une plongée consécutive (< 15 minutes) :

- *1re plongée :*

- palier : aucun
- durée totale de la remontée : 25 ÷ 15 = 1,67 minute
- durée totale de l'immersion : 20 + 1,67 = 21,67 minutes
- H.S. : 13 h 48

- *2e plongée*

- T = T1 + T2 = 30 minutes
- palier : 2 minutes à 3 mètres
- durée de la remontée du fond au palier de 3 mètres : (23 – 3) ÷ 15 = 1,34 minute
- durée totale de la remontée : 1,34 + 2 + 0,5 = 3,84 minutes
- durée totale de l'immersion : 10 + 3,84 = 13,84 minutes
- H.S. : 14 h 14

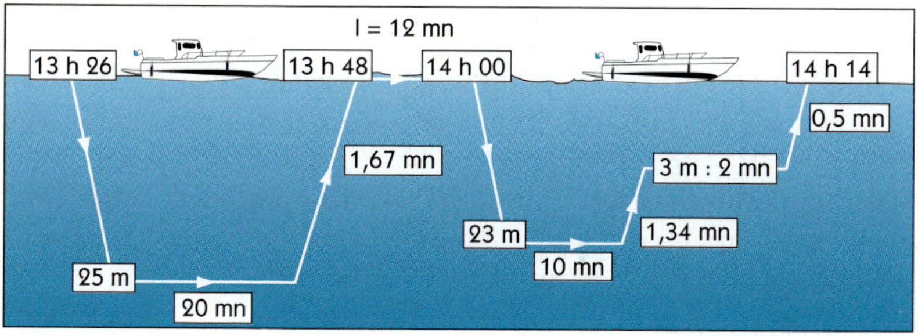


**QUESTION 4 :** /4 points

Il s'agit d'une remontée rapide (v > 17 mètres/minutes).
Elle doit redescendre en moins de 3 minutes à mi-profondeur afin d'effectuer un palier de 5 minutes :

- palier à mi-profondeur : 5 minutes à 11 mètres
- temps pris en compte : 19 minutes
- palier : aucun
- durée totale de la remontée : 11 ÷ 15 = 0,74 minute
- durée totale de l'immersion : 10 + 1 + 3 + 5 + 0,74 = 19,74 minutes
- H.S. : 16 h 20

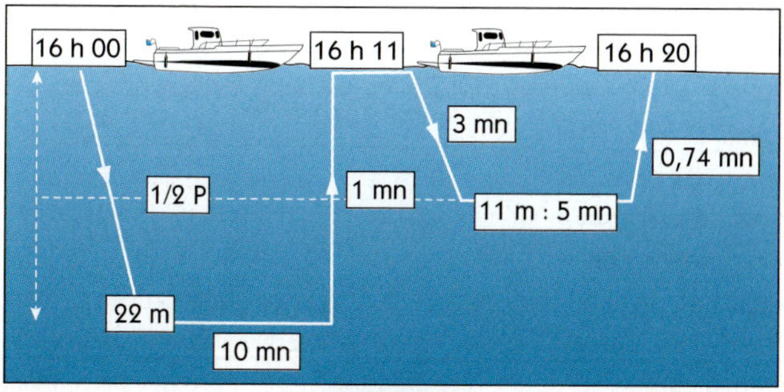

# RÉPONSES TESTS L (deuxième partie, page 57)

## SUR 26 POINTS

### QUESTION 5 : /4 points

Il s'agit d'une application de la loi de Mariotte : P1.V1 = P2.V2 = cste
- volume détendu surface disponible : 12 x (180 – 50) = 1560 litres
- consommation à 22 m (3,2 b) : 18 x 3,2 = 57,6 l/mn
- autonomie à 22 mètres : 1560 ÷ 57,6 = 27,08 minutes soit **27 mn et 4 s**.

### QUESTION 6 : /2 points

Il s'agit d'une application du principe d'Archimède : Papp = Préel – Parch.
On considère, pour simplifier que masse et poids s'expriment numériquement par le même nombre.
Papp = 200 – 20 = 180 kgf
Il faudra insuffler plus de 180 l d'air dans le parachute pour faire décoller l'ancre.

### QUESTION 7 : /6 points

L'accident de décompression est dû à la respiration sous pression de l'azote contenu dans l'air et à sa mauvaise élimination lors de la remontée.

**Symptômes :**

• *Accidents cutanés*
- démangeaisons et picotements (puces)
- gonflements douloureux en plaques sous la peau (moutons)

• *Accidents ostéo-articulaires (bends)*

Douleur s'intensifiant au niveau d'une articulation, le plus souvent, la plus sollicitée lors de la plongée.

• *Troubles respiratoires et cardiaques*
- difficultés à respirer - douleur aiguë localisée au niveau de la poitrine

• *Troubles neurologiques*
- fatigue intense, pâleur, angoisse - troubles de la vue, de l'audition, de la parole - crises convulsives - douleur violente localisée au bas du dos - fourmillements dans les jambes - impossibilité ou difficulté à uriner - paralysies - inconscience - mort.

• *Troubles de l'oreille*
- vertiges, nausées, vomissements - surdité ou audition rendue difficile

**Conduite à tenir :**
- sortir la victime de l'eau
- faire prévenir les secours
- inhalation d'oxygène pur
- si la victime est consciente : eau plate + aspirine (en fonction des protocoles secouristes)
- évacuation médicalisée et rapide vers un caisson de recompression multiplace.

**Prévention :**

• *Avant la plongée*

S'abstenir de plonger :

- si l'on n'en a pas envie - en cas de fatigue ou climat psychologique défavorable - en cas de stress important

Faire une plongée de réadaptation si on n'a pas plongé depuis un certain temps.

• *Pendant la plongée*

- respecter les tables et la vitesse de remontée préconisée - ne pas faire d'effort violent - ne pas faire de Valsalva à la remontée - respirer amplement lors des paliers - faire un palier de principe plus particulièrement en cas de facteurs favorisants

• *Après la plongée*

- pas d'effort violent les 2 heures qui suivent la plongée - pas de plongée en apnée avant un délai de 6 h 00 - attendre 12 à 24 h 00 avant de monter en altitude - ne pas faire plus de 2 plongées par 24 h 00 (hors tables) - ne jamais changer de tables entre 2 plongées

## QUESTION 8 : /4 points

Accidents barotraumatiques à la descente :

| ACCIDENTS | PRÉVENTIONS A LA DESCENTE |
|---|---|
| OREILLES | Manœuvre de Valsalva sans forcer, sans tarder, régulièrement lors de la descente |
| PLACAGE DE MASQUE | Ne pas trop serrer le masque. Souffler régulièrement par le nez. |
| SINUS | Ne pas plonger en cas d'affection ORL (sinusite). En cas de problème, ne pas insister et remonter. |

## QUESTION 9 : /4 points

L'essoufflement est provoqué par une augmentation du taux de $CO_2$ dans l'organisme.

**Causes :**

- pollution de l'air
- détendeur défectueux
- robinet de conservation mal ouvert
- effort excessif
- surlestage
- froid
- angoisse, peur
- passage de réserve tardif

**Prévention :**

- vérifier l'orientation de la prise d'air du compresseur
- entretenir et vérifier son matériel

- avoir une bonne protection thermique
- être correctement lesté, équilibré à 3 mètres
- ne pas plonger en cas de stress important
- ne pas s'immerger si on est déjà essoufflé en surface
- avoir un palmage lent, adapté à la profondeur
- ne pas faire d'apnées poussées, l'embout en bouche
- ne pas attendre de passer sur réserve.

## QUESTION 10 : /3 points

**Le principe de la détente**

Lors de l'inspiration, le clapet va se décoller du siège, l'air H.P. en provenance de la bouteille quitte la petite chambre et va occuper l'ensemble de la place disponible en pénétrant dans la grande chambre. Ce qui a pour effet de faire baisser la pression, on dit que l'air s'est détendu.

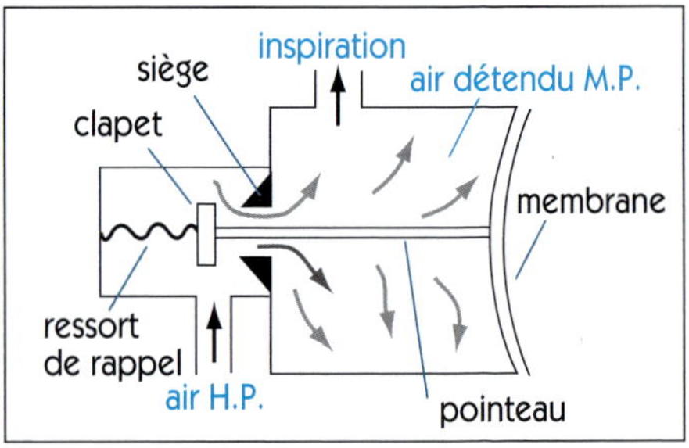


**Les différentes étapes de détente d'un détendeur à 2 étages**

Le détendeur à 2 étages détend l'air H.P. de la bouteille en 2 étapes :

- 1re étape = 1er étage : air H.P. → M.P. : 7 à 13 b > P ambiante
- 2e étape = 2e étage : M.P. → P ambiante

## QUESTION 11 : /2 points

Un plongeur de niveau 2 peut plonger encadré dans l'espace lointain (0 à 40 mètres). Sur décision du directeur de plongée, il peut être autorisé, s'il est majeur, avec un ou deux coéquipiers de même niveau, à plonger dans l'espace médian (0 à 20 mètres), en autonomie.

## QUESTION 12 : /1 point

Cette dérogation à la réglementation générale n'est applicable que si l'on est adhérent et que les bouteilles sont inscrites sur le registre TIV de la structure. Dans ce cas précis :

- inspection visuelle effectuée par un TIV tous les ans - réépreuve tous les 5 ans.

NOMBRE TOTAL DE POINTS : /40 /20

# RÉPONSES TESTS M (première partie, page 58)

## SUR 14 POINTS

### QUESTION 1 : /2 points

Il s'agit d'une plongée simple :
- palier : 2 minutes à 3 mètres
- durée de la remontée du fond au palier de 3 mètres :
  (40 – 3) ÷ 15 = 2,47 minutes
- durée totale de la remontée : 2,47 + 2 + 0,5 = 4,97 minutes
- durée totale de l'immersion : 9 + 4,97 = 13,97 minutes
- H.S. : 8 h 14

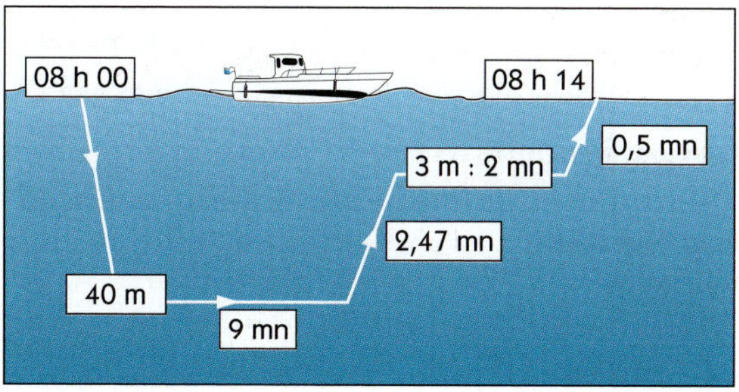


### QUESTION 2 : /4 points

Il s'agit d'une remontée rapide (v > 17 mètres/minutes).
Il doit redescendre en moins de 3 minutes à mi-profondeur afin d'effectuer un palier de 5 minutes.
- palier à mi-profondeur : 5 minutes à 11 mètres
- temps pris en compte : 18 minutes
- palier : aucun
- durée de la remontée de 11 mètres : 11 ÷ 15 = 0,74 minute
- durée totale de l'immersion : 10 + 1 + 2 + 5 + 0,74 = 18,74 minutes
- H.S. : 10 h 19

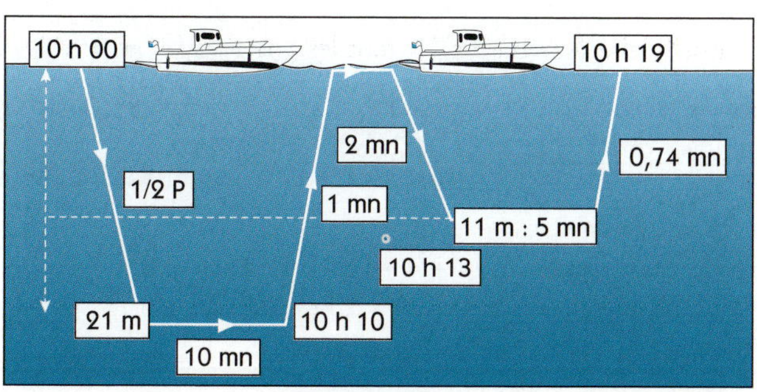

## QUESTION 3 : /4 points

Il s'agit d'une plongée simple successive (12 heures ≥ I ≥ 15 minutes) :

- *1re plongée :*
- palier : 4 minutes à 3 mètres
- durée totale de la remontée du fond au palier de 3 mètres : (29 – 3) ÷ 15 = 1,74 minute
- durée totale de la remontée : 1,74 + 4 + 0,5 = 6,24 minutes
- durée totale de l'immersion : 25 + 6,24 = 31,24 minutes
- H.S. : 10 h 32
- lettre de groupe : H

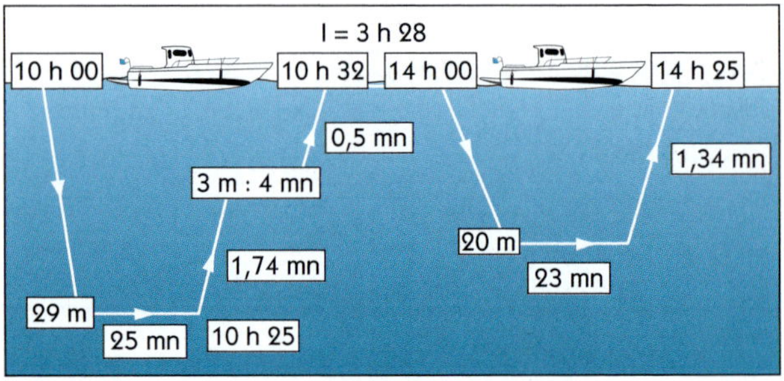


- *2e plongée*
- I : 3 h 28
- majoration : 17 minutes
- temps de plongée : 40 – 17 = 23 minutes
- palier : aucun
- durée totale de la remontée : 20 ÷ 15 = 1,34 minute
- durée totale de l'immersion : 23 + 1,34 = 24,34 minutes
- H.S. : 14 h 25

## QUESTION 4 : /4 points

Il s'agit d'une plongée simple suivie d'une plongée consécutive (< 15 minutes) :

- *1re plongée :*
- palier : aucun
- durée totale de la remontée : 20 ÷ 15 = 1,34 minute
- durée totale de l'immersion : 32 + 1,34 = 33,34 minutes
- H.S. : 14 h 34

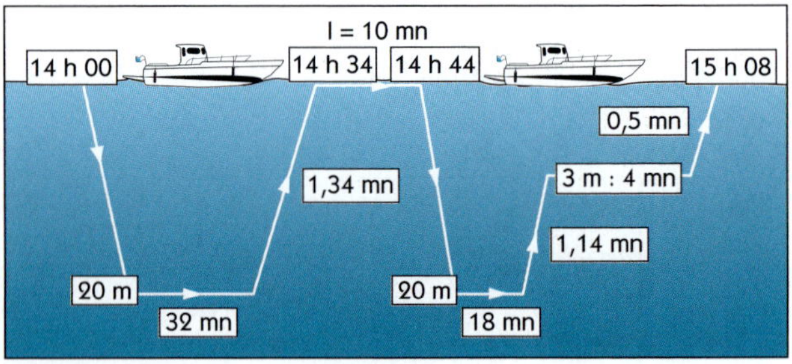


- *2e plongée*
- temps de plongée : 50 – 32 = 18 minutes
- palier : 4 minutes à 3 mètres
- durée de la remontée du fond au palier de 3 mètres : (20 – 3) ÷ 15 = 1,14 minute
- durée totale de la remontée : 1,14 + 4 + 0,5 = 5,64 minutes
- durée totale de l'immersion : 18 + 5,64 = 23,64 minutes
- H.S. : 15 h 08

# RÉPONSES TESTS M (deuxième partie, page 59)

## SUR 26 POINTS

**QUESTION 5 :** /4 points

Il s'agit d'une application de la loi de Mariotte : P1.V1 = P2.V2 = cste
- volume détendu surface disponible : 15 x (200 – 30) = 2550 litres
- consommation à 30 m (4 b) : 20 x 4 = 80 l/mn
- autonomie à 30 mètres : 2550 ÷ 80 = 31,87 minutes soit **31 mn et 52 s**.

**QUESTION 6 :** /2 points

Il s'agit d'une application du principe d'Archimède : Papp = Préel – Parch.
On considère, pour simplifier, que masse et poids s'expriment numériquement par le même nombre.
Papp = 100 – 50 = 50 kgf
Il faudra insuffler 50 l d'air dans le parachute pour que l'ensemble soit en flottabilité nulle.

**QUESTION 7 :** /6 points

La surpression pulmonaire est un accident barotraumatique, un des accidents les plus graves de conséquence en plongée. Il survient en plongée scaphandre, lorsqu'il y a un blocage expiratoire à la remontée.

**Symptômes :** Ils varient en fonction de la gravité de l'accident.
- douleur thoracique
- vomissements
- cou proéminent gonflé
- air insufflé sous la peau
- difficultés à respirer, toux, bave ou crachats sanglants
- paralysies
- troubles visuels
- difficultés à parler
- convulsions
- troubles de la conscience
- mort.

**Conduite à tenir :**
- sortir la victime de l'eau
- faire prévenir les secours
- inhalation d'oxygène pur
- si la victime est consciente : eau plate + aspirine (en fonction des protocoles secouristes)
- évacuation médicalisée et rapide vers un caisson de recompression multiplace.

**Prévention :**
- ne jamais bloquer son expiration à la remontée
- insister sur l'expiration en remontant lentement
- ne jamais faire de Valsalva à la remontée
- ne jamais donner d'air à un apnéiste

## QUESTION 8 : /4 points

Au vue des signes, on peut suspecter un accident de décompression. La conduite à tenir du secouriste sera :
- faire prévenir les secours
- inhalation d'oxygène pur
- si la victime est consciente : eau plate + aspirine (en fonction des protocoles secouristes)
- évacuation médicalisée et rapide vers un caisson de recompression multiplace.

## QUESTION 9 : /4 points

La noyade est un risque majeur en plongée. Elle peut être provoquée par une méconnaissance, un malaise, une imprudence, une défaillance psychique ou un problème matériel. En plongée scaphandre, elle s'accompagne très souvent d'un accident de décompression.

**Conduite à tenir :** L'intervention devra être mise en œuvre très rapidement. La conduite à tenir est la même qu'il s'agisse d'une noyade en eau douce ou en eau de mer :
- sortir le noyé rapidement de l'eau
- faire prévenir les secours
- inhalation d'oxygène pur
- évacuation médicalisée et rapide vers un caisson de recompression multiplace

**Prévention :**
- plonger en bonne condition physique
- savoir nager
- réaliser des plongées adaptées à son niveau
- être toujours équipé d'une bouée ou d'un gilet de remontée
- être équipé d'un tuba et revenir, en fin de plongée, sur tuba au bateau
- vérifier avant sa mise à l'eau la possibilité de larguer rapidement sa ceinture de lest
- s'entraîner régulièrement aux exercices de sécurité
- laisser toujours une personne compétente de surveillance en surface. Ne jamais laisser un bateau sans surveillance sur le lieu de plongée
- ne pas pénétrer dans les épaves et faire attention aux filets
- ne jamais sortir de l'eau dans des endroits battus par la mer
- pratiquer la plongée en apnée toujours accompagné et surveillé par un coéquipier

## QUESTION 10 : /3 points

**Le principe de la réserve**

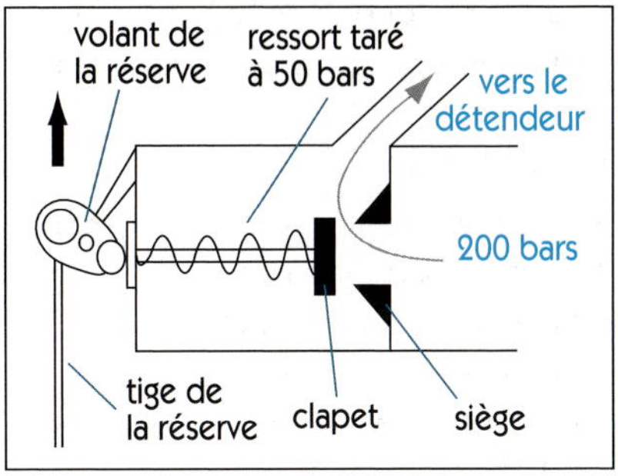


En début de plongée, la pression régnant dans la bouteille (180 à 200 bars) est supérieure à la force du ressort (taré à 50 bars). A chaque inspiration, le clapet se décolle du siège et laisse passer l'air en direction du détendeur.

Mais lorsque la pression avoisine la valeur du ressort, la pression n'est plus assez importante pour comprimer le ressort. L'air passe alors de plus en plus difficilement, le plongeur ressent une gène respiratoire. Le fait d'actionner la tige de réserve vers le bas comprime le ressort et décolle le clapet du siège, libérant l'air à nouveau. Le plongeur dispose alors d'une pression de 50 bars dans sa bouteille.

## QUESTION 11 : /2 points

Un plongeur de niveau 2 peut plonger encadré dans l'espace lointain (0 à 40 mètres). Sur décision du directeur de plongée, il peut être autorisé, s'il est majeur, avec un ou deux coéquipiers de même niveau, à plonger dans l'espace médian (0 à 20 mètres), en autonomie.

## QUESTION 12 : /1 point

Le rôle d'une licence fédérale est :

- d'attester que l'on est membre d'un club affilié à une fédération
- de couvrir son titulaire en cas d'accident
- de servir de permis de pêche sous-marine à partir de 16 ans
- de faire bénéficier son titulaire d'un certain nombre de services proposés par son club et sa fédération.

NOMBRE TOTAL DE POINTS : /40 /20

# RÉPONSES TESTS N (première partie, page 60)

## SUR 14 POINTS

### QUESTION 1 : /2 points

Il s'agit d'une plongée simple avec remontée lente de 22 à 20 mètres :
- palier : 2 minutes à 3 mètres
- durée de la remontée de 20 mètres au palier de 3 mètres :
  (20 – 3) ÷ 15 = 1,14 minute
- durée totale de la remontée : 1,14 + 2 + 0,5 = 3,64 minutes
- durée totale de l'immersion : 37 + 2 + 3,64 = 42,64 minutes
- H.S. : 8 h 43

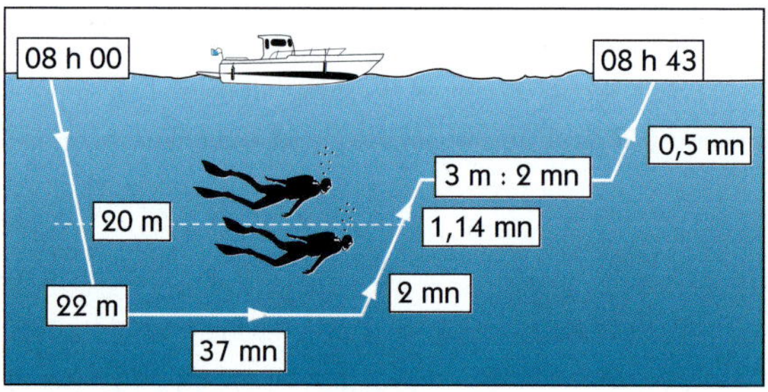


### QUESTION 2 : /4 points

Il s'agit d'une plongée successive (12 heures > I > 15 minutes) :
- *Cas de Paul*
- I : 4 h 00
- majoration : 10 minutes
- *votre cas : le plus pénalisant*
- I : 2 h 00
- AR : 0,91
- majoration : 13 minutes
- temps fictif : 36 minutes
- palier : aucun
- durée totale de la remontée :
  20 ÷ 15 = 1,34 minute
- durée totale de l'immersion :
  23 + 1,34 = 24,34 minutes
- H.S. : 14 h 25

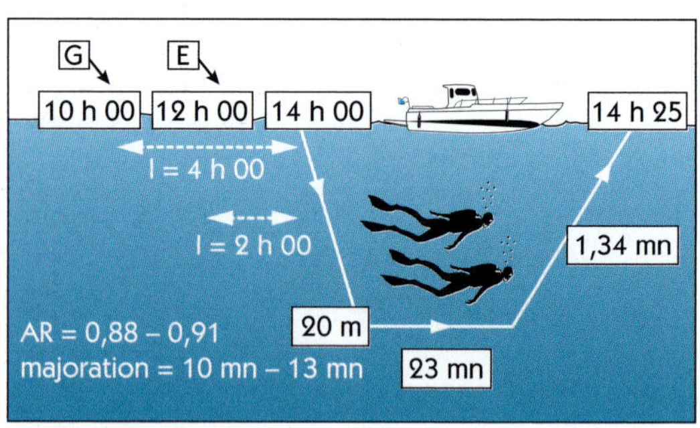

## QUESTION 3 : /4 points

Il s'agit d'une plongée simple suivie d'une plongée consécutive (< 15 minutes) :

• *1re plongée :*

- palier : aucun
- durée totale de la remontée : 23 ÷ 15 = 1,54 minute
- durée totale de l'immersion : 14 + 1,54 = 15,54 minutes
- H.S. : 15 h 16

• *2e plongée*

- durée totale de la plongée : 34 – 26 = 8 minutes
- temps de plongée = 6 minutes
- palier : aucun
- durée totale de la remontée : 20 ÷ 15 = 1,34 minute
- durée totale de l'immersion : 6 + 1,54 = 7,34 minutes - H.S. : 15 h 34

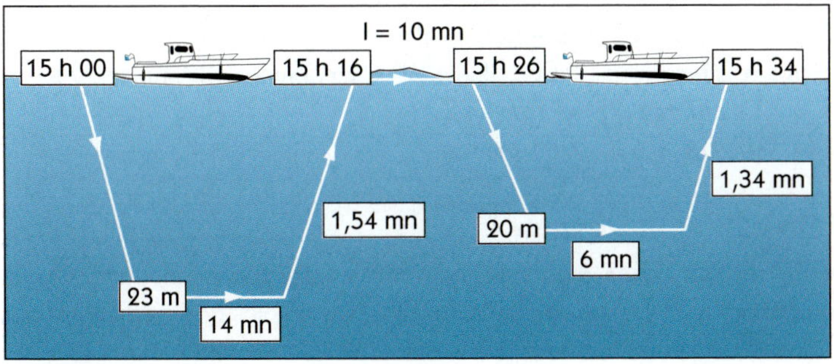


## QUESTION 4 : /4 points

Il s'agit d'une remontée rapide (v > 17 mètres/minutes).

Il doit redescendre en moins de 3 minutes à mi-profondeur afin d'effectuer un palier de 5 minutes :

- palier à mi-profondeur : 5 minutes à 13 mètres
- temps pris en compte : 38 minutes
- palier : 10 minutes à 3 mètres
- durée de la remontée de 13 mètres au palier de 3 mètres : (13 – 3) ÷ 15 = 0,67 minute
- durée totale de la remontée : 0,67 + 10 + 0,5 = 11,17 minutes
- durée totale de l'immersion : 38 + 11,17 = 49,17 minutes - H.S. : 8 h 50

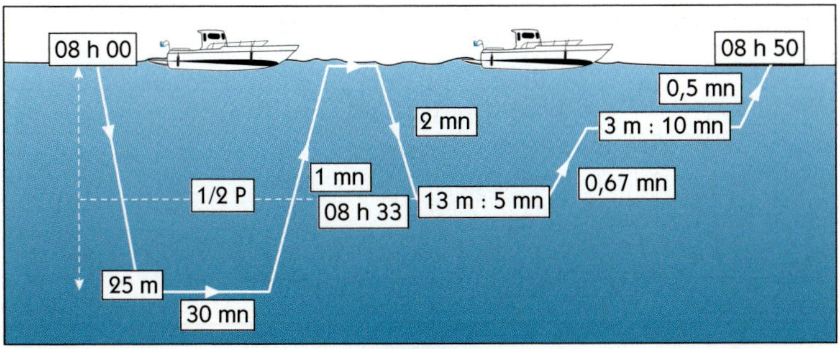

# RÉPONSES TESTS N (deuxième partie, page 61)

## SUR 26 POINTS

**QUESTION 5 :** /2 points

Il s'agit d'une application du principe d'Archimède : Papp = Préel – Parch.
On considère, pour simplifier que masse et poids s'expriment numériquement par le même nombre.
Papp. total = Papp.1 + Papp.2 = (19 + 21) – 3 = 37 kgf

**QUESTION 6 :** /4 points

Il s'agit d'une application de la loi de Mariotte : P1.V1 = P2.V2 = cste
- volume détendu surface utilisable : 12 x (200 – 50) = 1800 litres
- consommation à 20 m (3 b) : 20 x 3 = 60 l/mn
- volume détendu surface utilisé pour gonfler le parachute : 10 x 3 = 30 l
- autonomie à 20 mètres : (1800 – 30) ÷ 60 = 29,5 mn ou **29 mn et 30 s**.
- P1.V1 = P2.V2 = cste, P2 = P1.V1/V2
  P2 = 3 x 10/20 = 1,5 b, soit 5 mètres.

**QUESTION 7 :** /6 points

Au vue de ces signes, on peut suspecter une surpression pulmonaire. Cet accident barotraumatique est l'un des accidents de plongée les plus graves de conséquence. Il est dû à un blocage expiratoire à la remontée.

**Symptômes :** Ils varient en fonction de la gravité de l'accident.
- douleur thoracique, vomissements
- cou proéminent gonflé
- air insufflé sous la peau
- difficultés à respirer
- toux, bave ou crachats sanglants
- paralysies
- troubles visuels
- difficultés à parler
- convulsions
- troubles de la conscience
- mort.

**Prévention :**
- ne jamais bloquer son expiration à la remontée
- insister sur l'expiration en remontant lentement
- ne jamais donner d'air à un apnéiste
- ne jamais faire de Valsalva à la remontée

## QUESTION 8 : /4 points

L'essoufflement est provoqué par une augmentation du taux de $CO_2$ dans l'organisme.

**Prévention :**

- vérifier l'orientation de la prise d'air du compresseur
- entretenir et vérifier son matériel
- avoir une bonne protection thermique
- être correctement lesté, équilibré à 3 mètres
- ne pas plonger en cas de stress important
- ne pas s'immerger si on est déjà essoufflé en surface
- avoir un palmage lent, adapté à la profondeur
- ne pas faire d'apnées poussées, l'embout en bouche
- ne pas attendre de passer sur réserve

**Conduite à tenir :**

- saisir la victime fermement et la calmer
- baisser sa réserve si elle en possède une
- remonter la victime d'une dizaine de mètres
- lui demander si elle va mieux
- selon le cas, on poursuivra ou non la plongée

## QUESTION 9 : /4 points

L'accident de décompression est dû à la respiration sous pression de l'azote contenu dans l'air et à sa mauvaise élimination lors de la remontée.

**Facteurs favorisant :**

- l'âge au-delà de 40 ans
- l'obésité
- le tabac, l'alcool, la drogue, la déshydratation
- la fatigue, la mauvaise condition physique
- un effort important
- l'essoufflement
- le froid
- le stress

**Conduite à tenir :**

- sortir la victime de l'eau
- faire prévenir les secours
- inhalation d'oxygène pur
- si la victime est consciente : eau plate + aspirine (en fonction des protocoles secouristes)
- évacuation médicalisée et rapide vers un caisson de recompression multiplace

**QUESTION 10 :** /3 points

**Cas général**

- inspection visuelle aussi souvent que nécessaire
- réépreuve tous les 2 ans

**Cas dérogatoire**

- inspection visuelle effectuée par un TIV tous les ans
- réépreuve tous les 5 ans

Le cas dérogatoire n'est applicable que si l'on est membre d'une structure adhérente à une des organisations membre de droit du Comité Consultatif de l'enseignement sportif de la plongée subaquatique. Les bouteilles doivent être inscrites sur le registre TIV de la structure.

**QUESTION 11 :** /2 points

Un plongeur de niveau 2 peut plonger encadré dans l'espace lointain (0 à 40 mètres). Sur décision du directeur de plongée, il peut être autorisé, s'il est majeur, avec un ou deux coéquipiers de même niveau, à plonger dans l'espace médian (0 à 20 mètres), en autonomie.

**QUESTION 12 :** /1 point

La loi française interdit de remonter tout organisme vivant ou de pratiquer la pêche sous-marine à l'aide d'un scaphandre autonome.

D'autre part, certaines zones constituent des réserves sous-marines intégrales, interdites à la plongée sous-marine.

NOMBRE TOTAL DE POINTS : /40 /20

# RÉPONSES TESTS O (première partie, page 62)

## SUR 14 POINTS

**QUESTION 1 :** /2 points

Il s'agit d'une plongée simple avec abandon de palier :
- palier prévu : 2 minutes à 3 mètres
- durée de la remontée du fond au palier de 3 mètres : (23 – 3) ÷ 15 = 1,34 minute
- durée totale de la remontée : 1,34 + 1 + 2 + 2 + 0,5 = 6,84 minutes
- durée totale de l'immersion : 29 + 6,84 = 35,84 minutes
- H.S. : 8 h 36

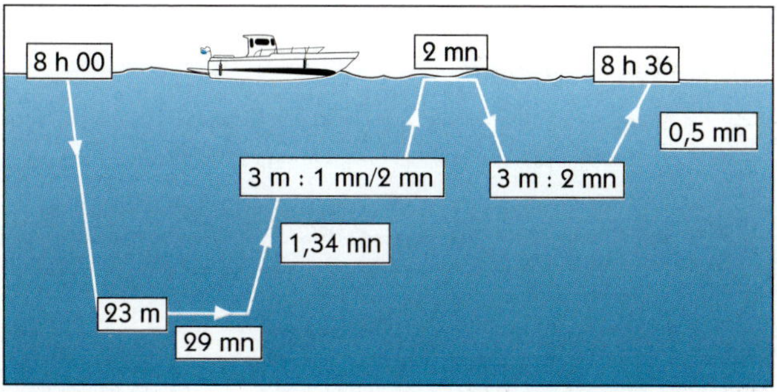


**QUESTION 2 :** /4 points

Il s'agit d'une plongée successive (12 heures ≥ I ≥ 15 minutes) :

• *1re plongée :*
- palier : 2 minutes à 3 mètres
- durée de la remontée du fond au palier de 3 mètres : (27 – 3) ÷ 15 = 1,6 minute
- durée totale de la remontée : 1,6 + 2 + 0,5 = 4,1 minutes
- durée totale de l'immersion : 21 + 4,1 = 25,1 minutes
- H.S. : 12 h 01
- lettre de Groupe : G

• *2e plongée*

Dans la table 35 minutes à 25 mètres correspondent à un palier de 5 minutes à 3 mètres.

Le temps de plongée souhaité à 25 mètres est de 20 minutes, donc **la majoration devra être au maximum de : 35 – 20 = 15 minutes**.

Dans le tableau de détermination de la majoration, pour une profondeur de 25 mètres, la majoration qui se rapproche le plus des 15 minutes, tout en restant inférieure est **une majoration de 13 minutes** qui correspond à **A.R. : 0,95**.

## QUESTION 2 (suite)

Dans le tableau de détermination de l'azote résiduel, pour une lettre de groupe : G, la valeur de l'azote résiduel qui se rapproche le plus de 0,95 tout en lui étant inférieur est : **A.R. : 0,93** qui correspond à un intervalle surface de **I = 2 h 30**

- H.D. : 12 h 01 + 2 h 30 = 14 h 31
- majoration : 13 minutes
- temps fictif : 33 minutes
- palier : 5 minutes à 3 mètres
- durée de la remontée du fond au palier de 3 mètres : (25 – 3) ÷ 15 = 1,47 minute
- durée totale de la remontée : 1,47 + 5 + 0,5 = 6,97 minutes
- durée totale de l'immersion : 20 + 6,97 = 26,97 minutes
- H.S. : 14 h 58

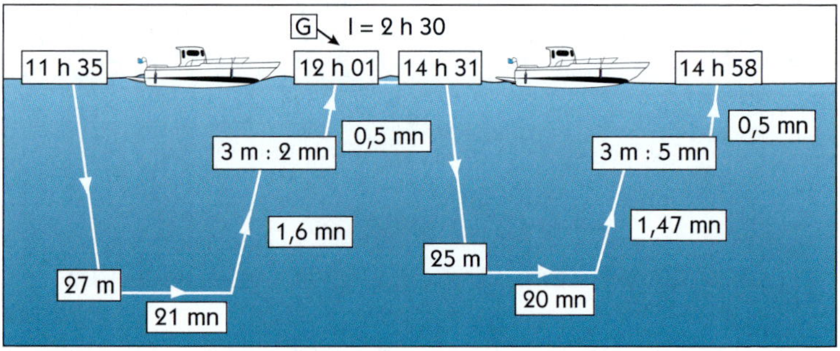


## QUESTION 3 : /4 points

Il s'agit d'une plongée simple suivie d'une plongée consécutive (< 15 minutes) :

• *1re plongée :*

- palier : aucun
- durée totale de la remontée : 18 ÷ 15 = 1,2 minute
- durée totale de l'immersion : 40 + 1,2 = 41,2 minutes
- H.S. : 14 h 42

• *2e plongée*

- T = T1 + T2 = 40 + 15 = 55 minutes
- palier : 1 minute à 3 mètres

**QUESTION 3 (suite) :** /4 points

- durée de la remontée du fond au palier de 3 mètres :
  (15 – 3) ÷ 15 = 0,8 minute
- durée totale de la remontée :
  0,8 + 1 + 0,5 = 2,3 minutes
- durée totale de l'immersion : 15 + 2,3 = 17,3 minutes
- H.S. : 15 h 05

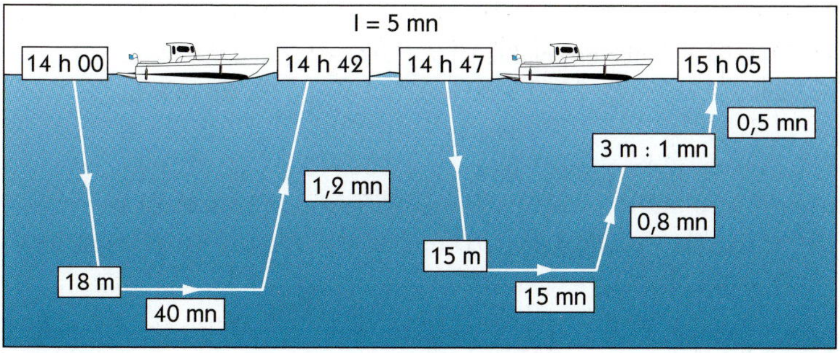


**QUESTION 4 :** /4 points

Il s'agit d'une remontée rapide (v > 17 mètres/minutes).

Il doit redescendre en moins de 3 minutes à mi-profondeur afin d'effectuer un palier de 5 minutes :

- palier à mi-profondeur : 5 minutes à 16 mètres
- temps pris en compte : 19 minutes
- palier : 3 minutes à 3 mètres
- durée de la remontée de la profondeur de 16 mètres au palier de 3 mètres :
  (16 – 3) ÷ 15 = 0,87 minute
- durée totale de la remontée : 0,87 + 3 + 0,5 = 4,37 minutes
- durée totale de l'immersion : 10 + 1 + 3 + 5 + 4,37 = 23,37 minutes
- H.S. : 8 h 24

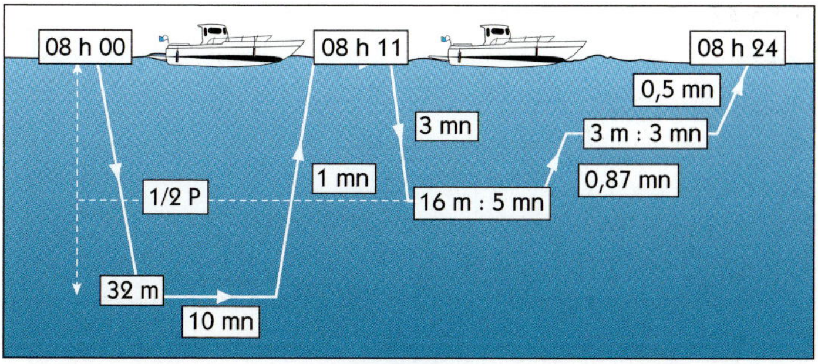

# RÉPONSES TESTS O (deuxième partie, page 63)

## SUR 26 POINTS

### QUESTION 5 : /4 points

Il s'agit d'une application de la loi de Mariotte : P1.V1 = P2.V2 = cste
- consommation à 25 m (3,5 b) : 20 x 3,5 = 70 l/mn

*Héléna :*
- volume détendu surface disponible : 15 x (200 – 50) = 2250 litres
- autonomie à 25 mètres : 2250 ÷ 70 = 32,14 mn ou **32 mn et 8** s.

*Vous :*
- volume détendu surface disponible : 18 x (180 – 50) = 2340 litres
- autonomie à 25 mètres : 2340 ÷ 70 = 33,42 mn ou **33 mn et 25 s.**

Pour des raisons de sécurité, vous vous baserez sur l'autonomie d'Héléna qui est moins importante que la vôtre : 32 mn et 8 s.

### QUESTION 6 : /2 points

Il s'agit d'une application du principe d'Archimède : Papp = Préel – Parch.
On considère, pour simplifier que masse et poids s'expriment numériquement par le même nombre.
Papp = 30 – 3 = 27 kgf
Après avoir gonflé le parachute de 25 litres d'air, pour arrêter de palmer, il faudra que l'ensemble soit légèrement en flottabilité positive, c'est-à-dire augmenter le volume d'eau déplacé d'un peu plus de 2 litres.

Il s'agit d'une application de la loi de Mariotte : P1.V1 = P2.V2 = cste
- il faut rechercher la profondeur à laquelle l'ensemble aura une flottabilité nulle, le volume d'air contenu dans le parachute étant alors égal à 27 litres

P2 = P1.V1 / V2 = 4 x 25 / 27 = 3,7 bars soit 27 mètres de profondeur. Au delà de 27 mètres, il sera possible d'arrêter de palmer pour remonter l'ancre.

### QUESTION 7 : /6 points

L'accident de décompression est dû à la respiration sous pression de l'azote contenu dans l'air et à sa mauvaise élimination lors de la remontée.

**Prévention :**

- *Avant la plongée*

S'abstenir de plonger :
- si l'on n'en a pas envie
- en cas de fatigue ou climat psychologique défavorable
- en cas de stress important

Faire une plongée de réadaptation si on n'a pas plongé depuis un certain temps.

• *Pendant la plongée*
- respecter les tables et la vitesse de remontée préconisée
- ne pas faire d'effort violent
- ne pas faire de Valsalva à la remontée
- respirer amplement lors des paliers
- faire un palier de principe plus particulièrement en cas de facteurs favorisants

• *Après la plongée*
- pas d'effort violent les 2 heures qui suivent la plongée
- pas de plongée en apnée avant un délai de 6 h 00
- attendre 12 à 24 h 00 avant de monter en altitude
- ne pas faire plus de 2 plongées par 24 h 00 (hors tables)
- ne jamais changer de tables de plongée entre 2 plongées

**Facteurs favorisant :**
- l'âge au-delà de 40 ans
- l'obésité
- le tabac, l'alcool, la drogue, la déshydratation
- la fatigue, la mauvaise condition physique
- un effort important
- l'essoufflement
- le froid
- le stress

**Conduite à tenir :**
- sortir la victime de l'eau
- faire prévenir les secours
- inhalation d'oxygène pur
- si la victime est consciente : eau plate + aspirine (en fonction des protocoles secouristes)
- évacuation médicalisée et rapide vers un caisson de recompression multiplace

## QUESTION 8 : /4 points

L'essoufflement est provoqué par une augmentation du taux de $CO_2$ dans l'organisme.

**Signes :**
- respiration rapide et superficielle
- maux de tête
- impossibilité de contrôler sa respiration
- impression de manquer d'air

**Risques :**
- narcose
- accident de décompression
- panique, surpression pulmonaire ou noyade

**QUESTION 9 :** /4 points

Accidents barotraumatiques possibles lors d'une "séance bouteille" en piscine :

| ACCIDENTS | PRÉVENTIONS | |
|---|---|---|
| | A LA DESCENTE | A LA REMONTÉE |
| OREILLES | Manœuvre de Valsalva sans forcer, sans tarder, régulièrement lors de la descente. | En cas de problème, redescendre de quelques mètres et remonter lentement. |
| PLACAGE DE MASQUE | Ne pas trop serrer le masque. Souffler par le nez régulièrement. | |
| SINUS | Ne pas plonger en cas d'affection ORL (sinusite). | |
| | En cas de problème, ne pas insister et remonter. | En cas de problème, redescendre de quelques mètres et remonter lentement. |
| SURPRESSION PULMONAIRE | Aucune prévention. | Insister sur l'expiration en remontant lentement. Ne jamais donner de l'air à un apnéiste. |

**QUESTION 10 :** /3 points

La respiration devient de plus en plus difficile juste avant de passer sur réserve car la pression de la bouteille n'est plus assez importante pour comprimer suffisamment le ressort de réserve. Le clapet obture le siège, l'air passe de plus en plus difficilement, ce qui crée une gène respiratoire. Le fait de passer sur réserve en tirant la tige vers le bas va comprimer le ressort et dégager le clapet du siège, libérant l'air à nouveau (voir schéma page 72).

**QUESTION 11 :** /2 points

Un plongeur de niveau 2 peut plonger encadré dans l'espace lointain (0 à 40 mètres). Sur décision du directeur de plongée, il peut être autorisé, s'il est majeur, avec un ou deux coéquipiers de même niveau, à plonger dans l'espace médian (0 à 20 mètres), en autonomie.

**QUESTION 12 :** /1 point

Pour pratiquer la pêche sous-marine, vous devez avoir plus de 16 ans et respecter la réglementation en vigueur. De plus, vous devez être licencié ou posséder une assurance responsabilité civile, au tiers et un permis de pêche sous-marine délivré par un quartier des Affaires Maritimes.

NOMBRE TOTAL DE POINTS : /40 /20

# RÉPONSES TESTS P (première partie, page 64)

## SUR 14 POINTS

### QUESTION 1 : /2 points

Il s'agit d'une plongée simple :
- palier : 2 minutes à 3 mètres
- durée de la remontée du fond au palier de 3 mètres : (23 – 3) ÷ 15 = 1,34 minute
- durée totale de la remontée : 1,34 + 2 + 0,5 = 3,84 minutes
- durée totale de l'immersion : 30 + 3,84 = 33,84 minutes
- H.S. : 18 h 04

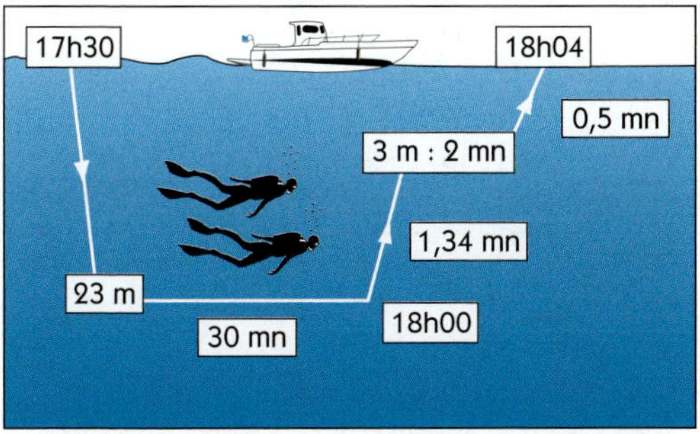


### QUESTION 2 : /4 points

Il s'agit d'une plongée successive (12 heures ≥ I ≥ 15 minutes) :
- *1re plongée :*
- palier : aucun
- durée totale de la remontée : 21 ÷ 15 = 1,4 minute
- durée totale de l'immersion : 30 + 1,4 = 31,4 minutes
- H.S. : 10 h 32
- lettre de Groupe : G
- *2e plongée*

Dans la table à 22 mètres, 40 minutes correspondent à une durée totale de la remontée de 3,47 minutes (2 + 1,47).

Le temps de plongée souhaité à 21 mètres est de 30 minutes, donc **la majoration devra être au maximum de : 40 – 30 = 10 minutes**.

Dans le tableau de détermination de la majoration, pour une profondeur de 22 mètres, la majoration qui se rapproche le plus des 10 minutes, tout en leur étant inférieures est une **majoration de 9 minutes** qui correspond à **A.R. : 0,89**.

**QUESTION 2 (suite) :**

Dans le tableau de détermination de l'azote résiduel, pour une lettre de groupe : G, la valeur de l'azote résiduel qui se rapproche le plus de 0,89 tout en lui étant inférieur est : **A.R. : 0,88** qui correspond à un intervalle surface de **I = 4 h 00**

- H.D. : 10 h 32 + 4 h 00 = 14 h 32
- majoration : 9 minutes
- temps fictif : 39 minutes
- palier : 2 minutes à 3 mètres
-durée de la remontée du fond au palier de 3 mètres :
(21 – 3) ÷ 15 = 1,2 minute
- durée totale de la remontée : 1,2 + 2 + 0,5 = 3,7 minutes
- durée totale de l'immersion : 30 + 3,7 = 33,7 minutes
- H.S. : 15 h 06

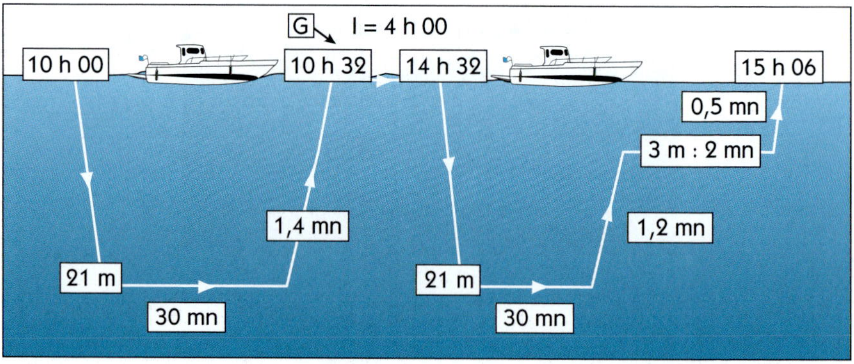


**QUESTION 3 :** */4 points*

Il s'agit d'une plongée simple suivie d'une plongée consécutive (< 15 minutes) :

- *1re plongée :*

- palier : aucun
- durée totale de la remontée : 33 ÷ 15 = 2,2 minutes
- durée totale de l'immersion : 10 + 2,2 = 12,2 minutes
- H.S. : 15 h 58

## QUESTION 3 (suite)

• *2e plongée*

- T = T1 + T2 = 10 + 8 = 18 minutes
- palier : 5 minutes à 3 mètres
- durée de la remontée du fond au palier de 3 mètres : (20 – 3) ÷ 15 = 1,14 minute
- durée totale de la remontée : 1,14 + 5 + 0,5 = 6,64 minutes
- durée totale de l'immersion : 8 + 6,64 = 14,64 minutes
- H.S. : 16 h 20

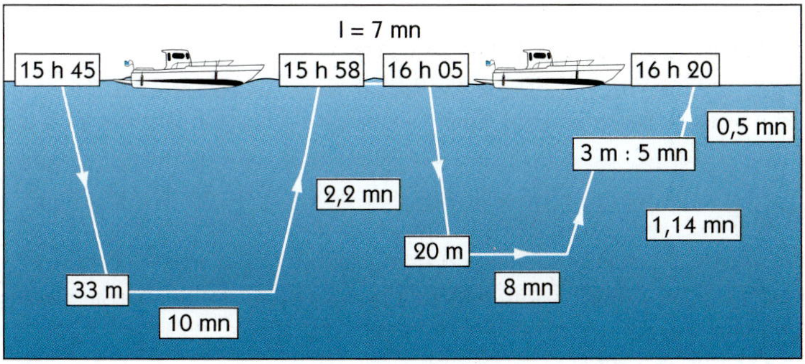


## QUESTION 4 : /4 points

Il s'agit d'une remontée rapide (v > 17 mètres/minutes).

Il doit redescendre en moins de 3 minutes à mi-profondeur afin d'effectuer un palier de 5 minutes :

- palier à mi-profondeur : 5 minutes à 11 mètres
- temps pris en compte : 34 minutes
- palier : aucun
- durée totale de la remontée : 11 ÷ 15 = 0,74 minute
- durée totale de l'immersion : 25 + 4 + 5 + 0,74 = 34,74 minutes
- H.S. : 15 h 35

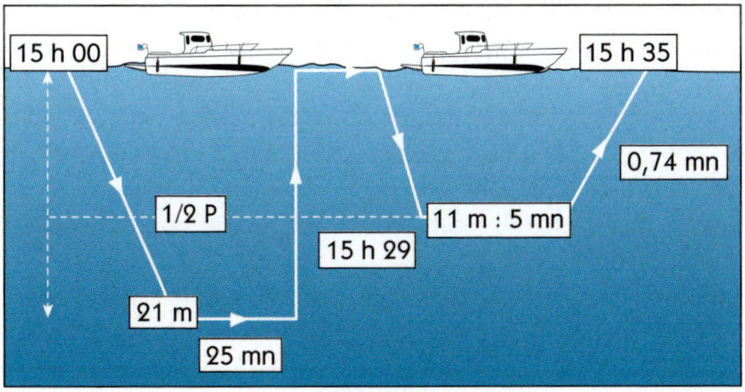

# RÉPONSES TESTS P (deuxième partie, page 65)

## SUR 26 POINTS

### QUESTION 5 : /4 points

Il s'agit d'une application de la loi de Mariotte : P1.V1 = P2.V2 = cste
- consommation à 22 m (3,2 b) : 20 x 3,2 = 64 l/mn

*Bloc n°1 :*
- volume détendu surface disponible : 10 x (200 – 30) = 1700 litres
- autonomie à 22 mètres : 1700 ÷ 64 = 26,56 mn ou **26 mn et 33 s.**

*Bloc n°2 :*
- volume détendu surface disponible : 12 x (180 – 50) = 1560 litres
- autonomie à 22 mètres : 1560 ÷ 64 = 24,37 mn ou **24 mn et 22 s.**

Le bloc n°1 vous donnera une autonomie supérieure d'environ 2 mn et 11 s par rapport au bloc n°2.

### QUESTION 6 : /2 points

Il s'agit d'une application du principe d'Archimède : Papp = Préel – Parch.
On considère, pour simplifier que masse et poids s'expriment numériquement par le même nombre.
- Papp = 76 – 80 = – 4 kgf
- pour être correctement lesté, il devra avoir une flottabilité nulle à 3 mètres, c'est-à-dire qu'il devra augmenter son poids apparent de 4 kgf.

### QUESTION 7 : /6 points

Au vue de ce signe et des circonstances, on peut suspecter un accident de décompression. Il est dû à la respiration sous pression de l'azote contenu dans l'air et à sa mauvaise élimination lors de la remontée.

**Symptômes** :

• *Accidents cutanés*
- démangeaisons et picotements (puces) - gonflements douloureux en plaques sous la peau (moutons)

• *Accidents ostéo-articulaires (bends)*
- douleur s'intensifiant au niveau d'une articulation, le plus souvent, la plus sollicitée lors de la plongée.

• *Troubles respiratoires et cardiaques*
- difficultés à respirer - douleur aiguë localisée au niveau de la poitrine.

• *Troubles neurologiques*
- fatigue intense, pâleur, angoisse - troubles de la vue, de l'audition, de la parole - crises convulsives - douleur violente localisée au bas du dos - fourmillements dans les jambes - impossibilité ou difficulté à uriner - paralysies - inconscience - mort.

• *Troubles de l'oreille*
- vertiges, nausées, vomissements - surdité ou audition rendue difficile.

**Conduite à tenir :**
- sortir la victime de l'eau - faire prévenir les secours - inhalation d'oxygène pur - si la victime est consciente : eau plate + aspirine (en fonction des protocoles secouristes)
- évacuation médicalisée et rapide vers un caisson de recompression multiplace.

### QUESTION 8 : /4 points

La surpression pulmonaire est un accident barotraumatique, un des accidents les plus graves de conséquence en plongée.

**Cause :**

Il survient en plongée scaphandre, lorsqu'il y a un blocage expiratoire à la remontée.

**Symptômes :**

Ils varient en fonction de la gravité de l'accident :

- douleur thoracique, vomissements - cou proéminent gonflé, air insufflé sous la peau
- difficultés à respirer, toux, bave ou crachats sanglants - paralysies, troubles visuels, difficultés à parler - convulsions, troubles de la conscience - mort.

### QUESTION 9 : /4 points

L'essoufflement est provoqué par une augmentation du taux de $CO_2$ dans l'organisme.

**Cause :** pollution de l'air - détendeur défectueux - robinet de conservation mal ouvert - effort excessif - surlestage - froid - angoisse, peur - passage de réserve tardif.

**Conduite à tenir :** saisir la victime fermement et la calmer - baisser sa réserve si elle en possède une - remonter la victime d'une dizaine de mètres - lui demander si elle va mieux - selon le cas, on poursuivra ou non la plongée.

### QUESTION 10 : /3 points

**Le principe de la détente :**

Lors de l'inspiration, le clapet va se décoller du siège, l'air H.P. en provenance de la bouteille quitte la petite chambre et va occuper l'ensemble de la place disponible en pénétrant dans la grande chambre. Ce qui a pour effet de faire baisser la pression, on dit que l'air s'est détendu.

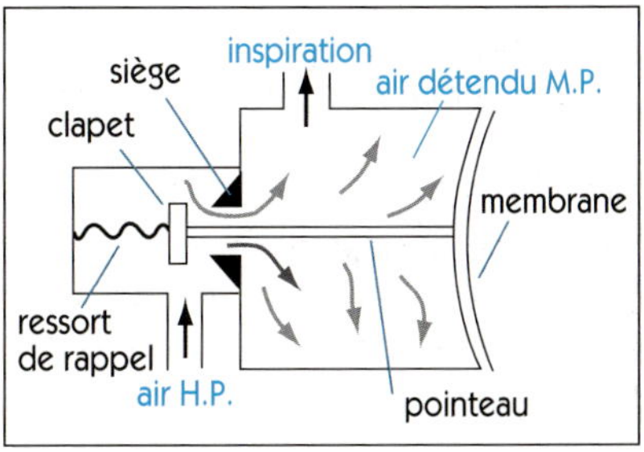


**Les différentes étapes de détente d'un détendeur à 2 étages**

Le détendeur à 2 étages détend l'air H.P. de la bouteille en 2 étapes :

- 1[re] étape = 1[er] étage : air H.P. → M.P. : 7 à 13 b > P ambiante
- 2[e] étape = 2[e] étage : M.P. → P. ambiante

### QUESTION 11 : /2 points

Un plongeur de niveau 2 peut plonger encadré dans l'espace lointain (0 à 40 mètres). Sur décision du directeur de plongée, il peut être autorisé, s'il est majeur, avec un ou deux coéquipiers de même niveau, à plonger dans l'espace médian (0 à 20 mètres), en autonomie.

### QUESTION 12 : /1 point

La réglementation relative à la réépreuve qui s'applique à ce cas est :

- inspection visuelle effectuée par un TIV tous les ans
- réépreuve tous les 5 ans.

NOMBRE TOTAL DE POINTS : /40 /20

Tests Vagnon Plongée Niveaux 1 et 2 - 3e édition
Imprimé en France - N° 3385
Dépôt légal : septembre 2001 • ISBN 2-85725-310-9